आगरा व जयपुर घराने की
विशिष्ट बंदिशें

आगरा व जयपुर घराने की विशिष्ट बंदिशें

नूपुर रायचौधरी

राज पब्लिकेशंस
नई दिल्ली - 110002

आगरा व जयपुर घराने की विशिष्ट बंदिशें

प्रथम संस्करण : 2007

ISBN 81-86208-51-8

Published by : ***Poonam Goel***
Raj Publications
4855/24, Ansari Road, Daryaganj
New Delhi - 110002
Tel. : 011- 30120939, 09811010939

Laser Typesetting : Aarati Computers, Delhi-110 009

Printed at : Balaji Offset, Delhi

PRINTED IN INDIA

परमपूज्य स्वर्गीय माता-पिता

को

अपार श्रद्धा और आदर के साथ समर्पित

आभार-प्रदर्शन

सन् 2002 में अपना शोध-प्रबंध "बीसवीं शताब्दी के महान् संगीतज्ञ पं० दिलीपचन्द्र वेदी" प्रकाशित होने के बाद मेरे मन में यह अभिलाषा निरन्तर बनी रही कि मेरे द्वारा संकलित दुर्लभ बंदिशों को अध्यापकों और छात्रों के लाभार्थ प्रकाशित कर सकूँ। मुझे प्रसन्नता है कि मेरी यह अभिलाषा पूर्ण हो रही है। इस स्वप्न को साकार करने के लिए संगीत शास्त्र-निष्णात विदुषी प्रफेसर (श्रीमती) भूपिन्दर शीतल ने मुझे मार्गदर्शन और प्रोत्साहन दिया। वे सदैव मेरी प्रेरणास्रोत रही हैं। मैं उनके प्रति विशेष कृतज्ञता ज्ञापित करती हूँ।

मैं डॉ० (श्रीमती) गीता पैन्टल की भी आभारी हूँ जिन्होंने मुझे इस विषय में प्रभूत जानकारी तथा सहायता प्रदान की।

प्रस्तुत बंदिशों में से कतिपय दुर्लभ बंदिशें मुझे स्व० उस्ताद यूनुस हुसैन खाँ के छोटे सुपुत्र श्री आरिफ हुसैन खाँ से प्राप्त हुई हैं। मैं इसके लिए उनके प्रति आभार प्रकट करती हूँ।

हिन्दी मेरी मातृभाषा नहीं है। मेरी शिक्षा-दीक्षा प्राय: अंग्रेजी और बांग्ला भाषा के माध्यम से हुई तथापि आजीविका अर्जित करने के लिए मैंने हिन्दी भाषा का यथेष्ट अध्ययन किया, जिससे मैं विद्यार्थियों को अधिक सहजता से पढ़ा सकूँ। मैंने अपनी इस लघु पुस्तक और प्रस्तुत रचनाओं में वाक्य विन्यास, वर्तनी और व्याकरण की शुद्धता के लिए श्री रामरतन भारद्वाज का सहयोग लिया है। श्री भारद्वाज हमारे विभाग में प्राय: सात वर्ष (1982-1989) तक प्रशासनिक अधिकारी रहे हैं। उन्हें वर्तनी तथा हिन्दी-अंग्रेजी भाषाओं का अच्छा ज्ञान है। मैं श्री भारद्वाज के प्रति आभार प्रकट करना अपना, कर्तव्य समझती हूँ।

मुझे आशा है कि इस पुस्तक में संकलित प्रतिष्ठित संगीतज्ञों के संक्षिप्त परिचय और उनकी दुर्लभ बंदिशों से संगीत के अध्यापकों तथा छात्रों को लाभ होगा।

अनुक्रमणिका

मंगलाचरणम्

गुर्रूब्रह्मा, गुरूर्विष्णु गुरूर्देवो महेश्वर।
गुरू साक्षात् परंब्रह्म तस्मै श्री गुरवे नमः॥

हिन्दुस्तानी संगीत में गायक-वादक कलाकार के साथ-साथ रचनाकार का भी महत्वपूर्ण स्थान रहा है। बड़े-बड़े महान् और विद्वान संगीतज्ञों ने विभिन्न रागों की रचना की और भिन्न-भिन्न शैलियाँ बनाईं। स्वामी हरिदास, तानसेन, बैजू बावरा, सदारंग-अदारंग आदि के नाम अमर हो गए हैं, इसलिए कि वे महान व कुशल गायक भी थे और उच्चकोटि के रचनाकार भी।

नायक वह है जो उच्चकोटि का गायक, वादक, रचयिता तथा संगीत शास्त्र का ज्ञाता है और काव्य-रचना करने की भी क्षमता रखता है। वही व्यक्ति रचना करने के भी अधिकारी होते हैं, जिन्होंने स्वयं असंख्य रचनाएं सीखी हैं, जिनमें रागों का ज्ञान होता है और जो राग शास्त्र व साहित्य का ज्ञाता है।

शास्त्रीय संगीत में विशेषतः ख्याल शैली के पदों में राग स्वर-रूप और तदाश्रित उसके भाव रूप के साथ पद के शब्दार्थ का समन्वय होना अत्यन्त आवश्यक है। बंदिशों में रंजक-सन्निवेश शास्त्रीय नियम, विशिष्ट चलन एवं स्वर संगतियों आदि का सही व्यवहार होना चाहिये।

पिछले कई वर्षों में ख्याल शैली में विभिन्न प्रकार की बंदिशों की रचना की गई है, और वह गायी भी जाती रही है। संगीत राज्याश्रय में रहने के कारण, कई रचनाएं शासकों की प्रशंसा में रची गईं। ख्याल शैली श्रृंगार रस प्रधान होने के कारण कुछ ख्याल रचनाएं श्रृंगार रस से भरपूर है। उन्नीसवीं/बीसवीं शताब्दी के रचनाकारों में स्वर्गीय उस्ताद फैयाज़ खाँ के रचनायें श्रृंगार रस प्रधान हैं। उनकी रचनाओं में सास-ननद, देवरानी, जेठानी इत्यादि शब्दों का प्रयोग ज्यादा है।

संगीत के क्षेत्र में पं॰ दिलीपचन्द्र वेदी को बीसवीं शताब्दी के श्रेष्ठतम रचयिताओं में मान्यता दी जाती हैं। वेदी जी ने शास्त्रीय संगीत, विशेषतः ख्याल शैली के पदों में राग के स्वर-रूप और भाव रूप के साथ पद के शब्दार्थ का समन्वय का नितान्त अभाव पाया। इस विकृति को दूर-करने हेतु राग के भाव और प्रकृति के अनुकूल पद-रचना करके अपने राग सुरों का संयोजन किया, और रागों का भावमय स्वरूप साकार किया। आपने ख्याल, ध्रुपद, तराना आदि गायन विधाओं में अनेक बंदिशों की रचना की है।

पं॰ दिलीपचन्द्र वेदी की रचनाओं को भारतीय संगीत के संगृहीत साहित्य में उचित स्थान प्राप्त हुआ है, और विद्वत समाज में प्रतिष्ठा मिली है।

दो शब्द

मुझे हर्ष है कि डा. नूपूर रायचौधरी द्वारा रचीत पुस्तक **दिग्गज एवं प्रतिष्ठित संगीतज्ञों का गीत-संग्रह : जीवनी और विशिष्ट बंदिशे** संगीत के क्षेत्र में चाहे गायन हो या वादन, रचना की महत्ता सदैव मानी गई हैं। एक उच्चकोटि की रचना के माध्यम से राग का संपूर्ण व कलात्मक रूप सजग हो जाता हैं।

इस पुस्तक में विचित्र परंपराओं के दिग्गज कलाकारों की रचनाएं सम्मिलित की गई हैं जिनमे स्वर्गीय प. भास्कर राव बखलै, स्व. प. दिलीप चन्द्र वेरी, स्व. डा. विलायत हुसैन खां एवं उनके सुपुत्र स्व. डा. यूनुरु हुसैन खां, डा. एम आर गौतम, स्व. पं. निवरत्रि बुवा सरनायक, के नाम उलेखनीय हैं। निः सन्देह, इन रचनाओं में हमें रचनाकारों के घरानों की परिपाटी का भी परिचय प्राप्त होता हैं जो एक महत्त्वपूर्ण बात हैं।

डा. रायचौधरी ने रागो का चयन प्रयोगगत भिन्नता अथवा विविधता के आधार पर किया हैं। मालीगौड़ा, पट-मंजरी, पलासी, पंचम, कुकुभ, सुधराई इत्यादि रागों में रचित रचनाएं इनके विलच्ण स्वरूप को भलि-भाँति दर्शाती हैं। गीत वाक्य, राग वाक्य तथा ताल की गति आदि इन सभी बातों में सामंजस्य रखनेवाली तथा रस निष्पत्ति के परम लक्ष्य का प्राप्त होने वाली यह रचनाएं अमूल्य हैं। यह निर्विवाद कहा जा सकता हैं कि इस पुस्तक में रुंकलित कुछेक बंदिशे पहली बार प्रकाश में आ रही हैं, जिससे संपूर्ण संगीत जगत लाभान्वित होगा। डा. नूपूर रायचौधरी ने बंदिशों का संग्रह और प्रकाशन में अकथ परिश्रम किया हैं, जिसके लिए वह हमारी प्रशंसा की पात्र हैं।

प्रोफेसर (श्रीमती) भूपेन्द्र सीतल
Prof (Smt) Bhupinder Sheetal
भूतपूर्व डीन एवं संगीत विभागध्यक्ष,
पंजाब विश्वविद्यालय, चण्डीगढ़
एवं
पूर्व प्रोफेसर, संगीत एवं ललित कला
दिल्ली विश्व विद्यालय, दिल्ली

1

पंडित भास्कर राव बखले

पं० भास्कर राव बखले एक प्रोढ़, सशक्त व परिपक्व गायकी के मालिक थे। आपका नाम उन विद्वान् संगीतज्ञों में है, जो आज भी भारतीय संगीत के इतिहास में पूज्य माने जाते हैं। आप कुलीन महाराष्ट्रीय ब्राह्मण थे। आप बड़े प्रतिभाशाली, मंझे हुए तथा यशस्वी गायक थे, जिन्हें हिन्दुस्तान के सभी विद्वानों तथा कलाकारों से अत्यधिक सम्मान एवं प्रशंसा प्राप्त हुई। पंडित जी का जन्म 1867 में बड़ौदा के काठुर गांव में हुआ था। आपके प्रथम गुरु पंडित विष्णु पंत पिंगले ध्रुपद और कीर्तन के कुशल गायक थे। ध्रुपद की तालीम लेने के उपरान्त आप ग्वालियर के बहुमुखी गायक उस्ताद फ़ैज मुहम्मद खाँ से ख़्याल गायकी की तालीम ली, जिससे आपका गायन तासीलदार और रसीला हुआ। उनसे बहुत सी राग-रागिनियाँ सीखने के बाद आप उस्ताद नत्थन खाँ आगरा वाले के शागिर्द हुए।

आगरा घराने के प्रतिभासम्पन्न गायक उस्ताद नत्थन खाँ से भास्कर रावजी ने लयकारी एवं बोलअंग सीखा, फिरत आलाप, स्वरों के सूक्ष्म प्रयोग व तराने के लिए वीनकार उस्ताद बन्दे अली खाँ, फिरत व क्लिष्ट तान तथा बंदिशों के लिए अल्लादिया खाँ जैसे गुणीजनों से शिक्षा प्राप्त की।

नाटक के मुख्य अंग के रूप में संगीत को सदियों से स्वीकारा गया है। उन्नीसवीं शताब्दी के उत्तरार्ध में शास्त्रीय व उपशास्त्रीय संगीत पर निर्धारित नाटक संगीत का विकसित रूप महाराष्ट्र में दिखाई दिया। सन् 1916 में पंडित भास्कर

राव बरवले ने एक क्रान्तिपूर्ण कदम उठाया, जब वे किरलोस्कर नाटक कम्पनी के संगीत निर्देशक नियुक्त हुए। इन्होंने राग यमन, भूपाली, बसंत, बहार, मल्हार, भीमपलासी इत्यादि रागों में अत्यधिक प्रभावशाली व कलात्मक रचनाएं रची। और उसमें आलाप, तान, बोलतान, फिरत आदि का बड़ा संतुलित और नाट्य-भाव के अनुकूल प्रयोग किये। उन्हीं के कदमों पर चलकर मास्टर कृष्णराव, बालगन्धर्व, मास्टर दीनानाथ मंगेशकर, गोविन्द राव टेंवे, हीरावाई बड़ोदेकर, सवाई गंधर्व, राम मराठे, बसन्तराव देशपांडे आदि कुशल कलाकारों ने नाट्य संगीत को और उन्नत किया। व्रर्तमान काल में पं. भीमसेन जोशी, सरस्वति राणे, कुमार गंधर्व, माणिक वर्मा, प्रभा अत्रे जैसे उच्चकोटि के शास्त्रीय गायकों ने भी रागदारी संगीत के साथ नाट्य संगीत का प्रयोग किए जिससे साधारण जनता के साथ शास्त्रीय संगीत के मर्मज्ञ भी प्रभावित हुए।

इन्हें मैसूर, बड़ौदा, इंदौर, काश्मीर इत्यादि तमाम रियासतों से बहुत से पुरस्कार मिले हैं, विशेषरूप से सिंध के शिकरपुर राज्य से इन्हें बहुत से पदक मिले थे। आप अधिकतर समय बम्बई और पूना में रहते थे। संगीत प्रचार के उद्देश्य से इन्होंने पूना में 'भारत-गायन-समाज' नामक संगीत का स्कूल खोला और उसमें संगीत के कई अध्यापक नियुक्त किए। आपने बहुत से शागिर्द भी तैयार किये जिनमें से मास्टर कृष्णराव, पं॰ दिलीपचन्द्र वेदी, गोविन्द राव टेंव, वाल-गन्धर्व, तारावाई शिरोड़कर आदि प्रमुख हैं। इनका देहान्त सन् 1962 में पूना में हुआ।

प्रस्तुत है पं॰ भास्कर रावजी का गाया हुआ कुछ बंदिशें-

राग सिंदूरा-तीनताल

स्थायी- दादुरवा वोले मोरा शोर।
करत कोयल कूकू सुनावे न्यारी।
रैन अंधेरी विरहा की माती।
थर-थर काँपे जीया मोरा।
पिया बिन॥

अन्तरा– बादल की गरज से हौल लागत है।
छोड़ गये प्रीतम ऋतु बरखा में।
विरहा सतावे मैका।
दरस रैन दिन।।

स्थायी–

		ग मम प मग	–रेस ग म
		दा दुर वा बोऽ	ऽ लेऽ मोरा
नि म प – प	ग –रे नि स	ग मम प मग	–रेस ग म
शो ऽ ऽ ऽ र	हाँ ऽऽ ऽ ऽ	दा दुर वा बोऽ	ऽ लेऽ मो रा
प– प ध	प म ग रे रे	ग प म प	ग रे स –
शो ऽ र क	र त को यल	कू कू सु ना	वे न्या री ऽ
नि स ग म	प पप म ग	म नि धध निनि	प ध म प
रै न अं धे	री विर हाकी	मा ती थर थर	काँ पे जिया
रे म धप ^{म}ग	– रे स –		
मो रा पिऽ या	ऽ बि न ऽ	॥	
+	2	0	3

अन्तरा

		प प प ध	म प नि सं
		बादल की	ग र ज से
रे गं रें सं	रें नि सं –	प नि सं रें	सं नि ध प
हौ ऽ ल ला	ग त है ऽ	छा ऽ ड़ ग	ये प्री त म
म ग म प	ग – रे –	रे ग स रे	म प नि सं
ऋ तु ब र	खा ऽ में ऽ	बि र हास	ता बे मैं का
रें नि ध मग	म ग रे स		
द र स रैऽ	ऽ न दि न	॥	
+	2	0	3

*पंडित भास्कर राव बरवले दोनों गंधार वाले सिंदूरा गाते थे।

प्रोफेसर (श्रीमती) भूपेन्द शीतल से प्राप्त

राग-यमन – तीनताल (विलंबित)

स्थायी– हरवा मोरा दे मंगाय।
न तर मैं गारी दूंगी।
न रहूंगी तुम सो बालम।।
अन्तरा– जो दोगे तुम मौतन हरवा।
तब लागूगी तुमरे गरवा।।

स्थायी–

			नि़ नि धप – मं ग मं रे
			ह र वा ऽमो ऽ रा ऽ
ग – – रे नि़रेनि़-नि़रेगरे	ग ग (प)– मं – रे रे	स-नि़ध नि़ – रे–	नि़रेगमं धप – मे गरेसनि़ध–ध़ नि़
दे ऽ ऽ ऽ ऽऽऽऽ ऽऽऽ मं	गाय न ऽ ऽ ऽ तर	मैं ऽ ऽऽ गाऽ रीऽ	दूऽऽऽ ऽ ऽ ऽ ऽगीऽऽ ऽ न र
रेग रे रेगमं ग मंप पप मंमं	नि– धप–मं ग म –	रे– ग– रे– स–	नि़ नि धप– मं ग मं रे
हूंऽ ऽ ऽऽ ऽ गीऽऽऽ तुम	ऽऽ सोंऽ ऽऽ ऽऽ	वाऽ ऽऽ लऽ मऽ	ह र वाऽ मो ऽ रा ऽ ।।
+	2	0	3

अन्तरा

			म॑ ग म॑ प म॑ ध प प जो ऽ दो ऽ गेऽ तु म
म॑नि धनि सं सं रें सं सं मौऽ ऽत न ह र वा ऽ +	नि रें गं रें नि रें सं– त ब लाऽ गूं ऽ गीऽ 2	प म॑ ग प रेग रेस– तु म रेऽ गऽ र वाऽ 0	नि़ नि प– म॑ ग म॑ रे ह र वाऽ मो ऽ रा ऽ 3 ॥

राग-गौड़-सारंग द्रुत एकताल

स्थायी– नैनन चैनन छिनन पलन।
दिन रैन नाही।।
बैरन सौतन घर पर घर।
गरे परे परिये प्यारे।।

अन्तरा– पिया बिन सखीरी मैं का।
कछु न सुहावे।।
जो पियु बुलावे संखवाकी।
ताहे को देहूंगी।
तन मन धन दोस्त।।

स्थायी–

ग म	धप ग	म रे	स स	रे स	स स
नै न	नऽ चै	न न	छि न	न प	ल न
पध प	प म	ग म	रे ग	रे म	ग –
दिऽ न	ऽ रै	ऽ न	ना ऽ	ऽ ऽ	ही ऽ
स स	म ग	प प	मं प	नि ध	प प
बै र	न सौ	त न	घ र	प र	घ र
मं प	मं ध	प –	ग ग	म रे	गम पध
ग रे	ऽ प	रे ऽ	प रि	ये प्या	रेऽ ऽऽ
+	0	2	0	3	4

अन्तरा

प –	प सं	– सं	सं संनि	रें सं	– सं
पिऽ	या बि	ऽ न	स खीऽ	री मैं	ऽ का

नि ध	नि सं	– रें	सं –	– ध	प –
क ऽ	छु ना	ऽ सु	हा ऽ	ऽ वे	ऽ ऽ
म॑ प	म॑ ध	प प	प म॑ग	म धम॑	प प
जो पि	यू बु	ला वे	सं ऽ	ख वाऽ	कीऽ
रे ग	रे ग	म प	गग मम	रे रे स	– स
ता हे	को दे	हूं गी	तन मन	धन दो	ऽ स्त
+	0	2	0	3	4*

*स्व० पं० दिलीप चन्द्र वेदी जी से प्राप्त

2

उस्ताद अल्लादिया खाँ

उस्ताद अल्लादिया खाँ का जन्म अगस्त 1855 में जयपुर के निकट उनियारा में हुआ था। उन्होंने अपने पिता के अतिरिक्त अपने चाचा उस्ताद जहाँगीर खाँ से बारह साल तक ध्रुपद-धमार होरी आदि की तालीम हासिल की। लखनऊ के सुप्रसिद्ध गायक बड़े मोहम्मद खाँ के पुत्र मुबारक अली खाँ की गायकी का उन पर बहुत प्रभाव पड़ा था। जटिल आलाप तथा तानों की प्रेरणा उनको मुबारक अली खाँ से मिली थी।

गायन की तालीम लेने के बाद अल्लादिया खाँ ने देश के विभिन्न स्थानों, संगीत महफिलों में अपने कार्यक्रम प्रस्तुत किए, उनके तीन बेटे थे—नसीरूद्दीन, बदरूद्दीन और शम्सुद्दीन। बदरूद्दीन-मंजी खाँ के नाम से और सम्सुद्दीन-भूरजी खाँ के नाम से प्रसिद्ध हुए।

अल्लादिया खाँ कुछ समय अहमदाबाद, बड़ोदरा तथा मुम्बई में रहे। वे काफी समय तक कोल्हापुर राज-दरबार में दरबारी गायक के रूप में रहे। अपने तीन बेटों के अलावा उन्होंने मोघूबाई कुर्दीकर, केसर बाई केरकर को भी संगीत की शिक्षा दी। उनके गायन की विशेषताएं हैं-गमक युक्त आलाप, वक्रताने, लय का बोल-बनाव इत्यादि। उनका देहान्त 16 मार्च 1946 को हुआ। प्रस्तुत है उनकी दो प्रसिद्ध रचनायें :—

राग-शंकरा– बिलंवित-तीनताल

स्थायी– अनाहद आदि नादको।
भेदन पायो।
पंचहारे गुनी ज्ञानी।।

अन्तरा– बलिहारी उन गुरन के।
अहमद जिन ये वेद।
भेद की बात बखानी।।

स्थायी–

						- - सरें	निसं निध - नि
						ऽ ऽ अऽ	नऽ ह ऽ ऽद
(प) - - प	धनि - -	ध धनिसं - नि	(प) - - -	ग - ग गप	रेग - रे स	- स प़ -	प नि़ स स
आ ऽ ऽ दि	नाऽ ऽ ऽ	ऽ द ऽऽ ऽ को	भे ऽ ऽ ऽ	ऽ ऽ द नऽ	पाऽ ऽ ऽ यो	ऽ पं ऽ ऽ	च हा ऽ ऽ
+				2			
स - - -	प - ग-	प प - नी	- - - सं	सं - - -	गं - रें -	(सं) - - सरें	निसं निधनि
ऽ ऽ ऽ ऽ	रे ऽ ऽ ऽ	ऽ गु ऽ नी	ऽ ऽ ऽ ऽ	ज्ञा ऽ ऽ ऽ	ऽ ऽ ऽ ऽ	नी ऽ ऽ अऽ	नऽ हऽऽद
0				3			॥

अन्तरा–

सं - सं सं	सं गं गं रे	गं रें सं -	सं नि रें सं
न ऽ ऽ ऽ	गु र न के	ऽ ऽ ऽ ऽ	अ ह म द
+			
स - - स	स - प -	ग प नि-	स गं रें सरें
ऽ ऽ ऽ की	बा ऽ ऽ ऽ	ऽ ऽ त ऽ	ब खा ऽ ऽऽ
0			

		गप सं-सं	नि - - रें
		बलि हाऽरी	ऽ ऽ ऽ उ
नि-सं धनि	सरें निसं नि-	धपप-	ग प रेंग -
जिऽ ऽ नऽ	येऽ ऽऽ वेऽ	ऽद भेऽ	ऽ ऽ द ऽ
2			
निसं नि - -	सं - नि -	धनि- - सरें	निसं नि ध नि
ऽऽ नी ऽ ऽ	ऽ ऽ ऽ ऽ	ऽऽ ऽऽ अऽ	नऽ ह ऽ द
3			॥

प्रोफेसर (श्रीमती) भूपिन्दर शीतल से प्राप्त

हुसेनी तोड़ी - झँपताल

स्थायी– ए निरंजन की जय।
मुखन तेरो परताप सों अहमद झुके।।

अन्तरा– तूही दूर करत दुखियन के दुख।
पूजा करे सब जीब जगत तेरो।।

स्थायी–

			रेनि़ , नि़
			एऽ , नि
नि़ स	स – नि़सरे	सनि़ स	ध़ – प़नि़
रं ऽ	ज ऽ नऽऽ	कीऽ ऽ	ज ऽ य,नि
नि़ –	स – नि़सरे	सनि़ स	ध़ प़ प़म़
रं ऽ	ज ऽ नऽऽ	कीऽ ऽ	ज ऽ य,मु
प़ ध़	नि़–स पध़	पम प	ग – रे
ख ऽ	ऽ ऽऽ ऽत	तेऽ ऽ	रो ऽ ऽ
म ग	रे – स	मरे पम	धप धम प
प र	ता ऽ प	सोंऽ ऽऽ	ऽऽ ऽऽ ऽ
धप ग	– रे म	गऽ –	रे॑स – सस
अऽ ह	ऽ म द	झु ऽ	के ऽ ऽनि
+	2	0	3

अन्तरा

म प	नि नि सं	नि सं	नि– सं –
तू ही	दू ऽ र	क र	ऽ त ऽ
सं रें	मं गं रें	– सं	रेंनि सं– धपध
दु खि	ऽ य न	ऽ के	दुऽ ऽऽ खऽऽ
संनि –	पध – पध	नि –	ध पम म
पू ऽ	जा ऽ ऽक	रे ऽ	स ऽऽ ब
प भ्र	नि संप पध	पम प	ग –रे नि़
जी ब	ज ऽऽ गत	तेऽ ऽ	रो ऽऽ नि
+	2	0	3

3

उस्ताद फैयाज खाँ

उस्ताद फैयाज खाँ, सफदर हुसेन खाँ के सुपुत्र और मुहम्मद अली खाँ सिकन्दराबाद वाले के पौत्र थे। आपका जन्म 8 फरवरी 1881 में हुआ। मुहम्मद अली खाँ रमजान खाँ की परम्परा के थे और एक बहुत अच्छे ख्याल-गायक थे। मुहम्मद अली खाँ के दोनों पुत्रों- सफदर हुसैन खाँ और फिदा हुसैन खाँ को अपने घराने की तालीम मिली थी। उस्ताद फैयाज खाँ के पिता सफदर हुसैन खाँ का कम उम्र में देहान्त होने के कारण फैयाज़ खाँ बचपन से ही अपने नाना गुलाम अब्बास खाँ के पास आगरा में रहते थे और उन्हीं से इन्होंने संगीत की शिक्षा भी पाई।

इनकी आवाज साफ-सुथरी और सुरीली थी। पहले इन्होंने ध्रुपद-धमार की तालीम ली और बाद में इनको ख्याल इत्यादि सीखने का अवसर मिला। बचपन से ही इन्होंने संगीत सभाओं में जाना शुरू कर दिया था। रियासतों में सबसे पहले मैसूर के महाराजा इनको दशहरे के मौके पर सुना और प्रसन्न होकर सोने का तमग़ा और वस्त्र प्रदान किया। उसी समय खाँ साहब हैदराबाद भी गये और निजाम को अपना गाना सुनाया। निजाम प्रसन्न होकर इन्हें एक हीरे की अंगूठी दी थी। सन् 1915 में बड़ोदा नरेश ने इनको बुलाया और होली के जलसे में इनका गाना सुना और बहुत प्रसन्न हुए। सन् 1918/1920 में इंदौर के महाराजा तुकोजी राव होल्कर ने इनका गाना सुनकर बहुत ही खुश हुए और पुरस्कार स्वरूप एक हीरे का कंठा, एक हीरे की अंगूठी तथा दस हजार रुपये दिये। सन् 1925 में इन्हें मैसूर के महाराजा ने दुबारा बुलाया और इनको सुनकर प्रसन्न हुए।

इसी समय इन्हें मैसूर रियासत का राजचिन्ह (हीरे जवाहरात से जड़ा हुआ कंगन) पहनाया गया और 'आफ्ताबे मोसीकी' की उपाधि मिली।

इसके बाद खाँ साहब लखनऊ में आल इण्डिया म्युज़िक कान्फ्रेंस में बड़ोदा सरकार की ओर से शामिल हुए जहाँ इन्हें सोने का तमगा और 'संगीत चूड़ामणि' की उपाधि मिली। इसी तरह इलाहाबाद में हुई एक कान्फ्रेंस में इन्हें 'संगीत भास्कर' और 'संगीत सरोज' की उपाधि मिली। इसके अतिरिक्त इन्हें जयपुर, जोधपुर, अलवर, इंदौर आदि अनेक राज्यों से सम्मान और पुरस्कार मिला।

उस्ताद फैयाज़ खाँ शास्त्रीय संगीत के अतिरिक्त ठुमरी, दादरा, भजन, गज़ल भी बहुत सुन्दर गाते थे। संगीत प्रचार में भी खाँ साहब ने बड़ा भाग लिया और बहुत ही योग्य तथा प्रसिद्ध शिष्य तैयार किए, जिनमें से दिलीप चन्द्र वेदी, एस.एन. रातंजनकार, बन्दे अली खाँ, अता हुसैन खाँ, लताफत खाँ, सुशील कुमार चौबे आदि प्रसिद्ध हैं। स्वर्गीय डी.टी जोशी और के.एल. सहगल भी इनको अपना उस्ताद मानते थे। स्वर्गीय उ॰ विलायत हुसैन खाँ भी इनसे सीखा था। सन् 1950 में इनका देहान्त हुआ। उस्ताद फैयाज खाँ प्रेमपिया के उपनाम से रचना करते थे। प्रस्तुत है उनकी कुछ रचनायें :–

राग-ललित तीनताल

स्थायी– तरपत हूँ जैसे जलबीन मीन
कारे सैया हम तुम रो कीन।।

अन्तरा– हम चाहत तुम चाहत नाहीं
काहे को यह ढींग लीन।।

स्थायी–

		ग रे॒ ^गम॑ ग	नि़ रे॒ ग म
		त र प त	हूँ ऽ जै से
म म म (गम)	म॑ म – ग	– ध॒ म॑ ध॒	सं – सं सं
ज ल बि (नऽ)	ऽ मी ऽ न	ऽ का रे सै	याँ ऽ ह म
रें॒ नि ध॒ म॑	ध॒ म॑ म॑ म		
तु म रो ऽ	ऽ की ऽ न	॥	
+	2	0	3

अन्तरा

		म॑ ध म॑ ध	सं सं सं सं
		ह म चा ऽ	ह त तु म
सं – सं सं	नि रें सं सं	नि रें गं रें	नि रें नि ध
चा ऽ ह त	ना ऽ ही ऽ	का ऽ हे को	य ह ढीं ग
म॑ ध नि म॑	ध म॑ म॑ म		
ली ऽ ऽ ऽ	ऽ ऽ ऽ न	॥	
+	2	0	3

राग–रामकली–तीनताल

स्थायी– उन संग लागी।
लागी मोरी आखियाँ, मा॥

अन्तरा– सास ननद मोरी
बोल बोलत है।
कासे करूँ लडकईयाँ॥

स्थायी–

		– – – प	धनि ध प म॑
		ऽ ऽ ऽ उ	नऽ सं ऽ ग
प – – –	ग – गम पम	रे – स नि़	स ग – म
ला ऽ ऽ ऽ	ऽ ऽ ऽऽ ऽऽ	गी ऽ ऽ ला	गी मो ऽ री
ध ध ध –	प – म॑ –	प प प प	
आँ ऽ ख़ी ऽ	याँ ऽ ऽ ऽ	मा ऽ ऽ उ	॥
+	2	0	3

अन्तरा

		– – – ग	म ध – ध
		ऽ ऽ ऽ सा	ऽ स ऽ न
सं – सं –	– – नि –	सं सं सं ध	– नि – सं
न ऽ द ऽ	ऽ ऽ मो ऽ	री ऽ ऽ बो	ऽ ल ऽ बो
निसं – – –	नि ध धनि संनि	ध – प म	प ग – म
लऽ ऽ ऽ ऽ	ऽ ऽ तऽ ऽऽ	है ऽ ऽ का	ऽ से ऽ क
प – – –	ध – नि सं	ध ध प प	
रू ऽ ऽ ऽ	ऽ ऽ ल ड़	क ई यां उ	"
+	2	0	3

राग-जयजयवन्ती तीनताल

स्थायी– मोरे मंदर अब लों नहिं आये
का एसी चूक परी मोसो आली।।

अन्तरा– प्रेम पिया की अखियाँ तरस रही।
किन सौतन विरमाये।।

स्थायी–

		– रे रे ग	रे स रे नि़
		ऽ मो रे मं	द र अ ब
स – स स	नि़स रेस नि़ध़	नि़ ग ग ग	रे ग म प
लो ऽ न हिं	आऽ ऽऽ येऽ	ऽ का एसी	चू ऽ क प
म – ग म	रे ग रे स		
री ऽ मो सो	आ ऽ ली ऽ	"	
+	2	0	3

अन्तरा

		– म ध नि	सं – सं –
		ऽ प्रे म पि	या ऽ की ऽ
सं नि ध प	म गम रेग रेस	– ग ग ग	रे ग म प
अ खि याँ त	र सऽ रऽ हीऽ	ऽ कि न सौ	त न बि र
म – ग म	रे ग रे स		
मा ऽ ऽ ऽ	ऽ ऽ ये ऽ	"	
+	2	0	3

राग-बरवा तीनताल

स्थायी– बाजे मोरी पायलियाँ प्रेम।
बाजे मोरी पायलियाँ।
कैसे कर आऊ।
तुमरे पास मितवा।।

अन्तरा– सास ननद मोरी।
जनम की बैरन।
चर्चा करेंगे बोतो।
सब बीच लोगवा।।

स्थायी–

	– – मप धप	ग – रे स	रे नि स रे
	ऽ ऽ बाऽ ऽऽ	जे ऽ मो री	पा ऽ य लि
म – – प	– प मप धप	ग – रे स	रे नि स रे
यां ऽ ऽ प्रे	ऽ म वाऽ ऽ	जे ऽ मो री	पा ऽ या लि
म – – –	ग रे म म	प – प –	प गं रें सं
याँ ऽ ऽ ऽ	कै से क र	आ ऽ ऊ ऽ	तु म रे पा
– सं रें नि	ध प मप धप		
ऽ स मि त	वा ऽ वाऽ ऽऽ	॥	
+	2	0	3

अन्तरा

		– – – म	प नि सं नि
		ऽ ऽ ऽ सा	ऽ स ऽ न
सं सं सं सं	– – नि –	सं – – मं	गं रें सं –
न ऽ द ऽ	ऽ ऽ मो ऽ	री ऽ ऽ ज	न म की ऽ

रें – – –	नि – ध –	प – – ग	ग रे – रे
वै ऽ ऽ ऽ	ऽ ऽ र ऽ	न ऽ ऽ च	र चा ऽ क
म – प –	प – प –	गं – रें –	सं – सं सं
रें ऽ गे ऽ	ऽ ऽ वो ऽ	तो ऽ स –	ब ऽ बी ऽ
रें नि धध	प प मप धप		
च ऽ लो गो	वा ऽ वा ऽऽ	"	
+	2	0	3

राग-शुद्ध सारंग-तीनताल

स्थायी– अब मोरी बात।
मान ले पिहरवा।
जाऊँ तोपे।
वारी वारी वारी।।

अन्तरा– प्रेमपिया हमसे।
नहि बोलत।
बिनति करत मैं तो।
हारी हारी हारी।।

स्थायी–

		– – – म	रे नि़ – स
		ऽ ऽ ऽ अ	ब मो ऽ री
नि़– [ध]प़ प़	नि़ ध़ स नि़	रे स – नि़	स रे म रे
बा ऽ ऽ ऽ	ऽ ऽ ऽ ऽ	ऽ त ऽ मा	न ले ऽ पि
म॑ – प –	– – पध म॑प	रे म रे रे	म॑ पनि धसं निरें
ह ऽ ऽ ऽ	ऽ ऽ रऽ ऽऽ	वा ऽ ऽ जा	ऊँ तोऽ ऽऽ पेऽ
सं नि ध प	म॑ प रे म	नि़ रे स म	
वा ऽ री वा	ऽ री वा ऽ	ऽ ऽ री अ	"
+	2	0	3

अन्तरा

		रे म॑ प नि	सं – सं सं
		प्रे ऽ म पि	या ऽ ह म
संमं रेंमं रें स	नि – म॑ प	रे म॑ प निरें	सं नि म॑ प
सेऽ ऽऽ न हीं	वो ऽ ल त	बि न ती कऽ	र त मैं तो
पनि सं नि प	म॑ प रे म	नि़ रे स म	
हाऽ ऽ री हा	ऽ री हा ऽ	ऽ ऽ री अ	॥
+	2	0	3

राग-नट बिहाग-तीनताल

स्थायी– झन्-झन् झन् झन् पायल बाजे।
जागे मोरी सास ननदीया और दोरनियाँ।
हाँ रे जेठनीया मा॥

अन्तरा– अगर सुने मेरी बगर सुनेगी।
जो सुन पाये सदा रंगीले।
जागे मोरी सास ननदीया और दोरनीयाँ।
हाँ रे जेठनीया मा॥

स्थायी–

		– – – म	नि॒ ध प –
		ऽ ऽ ऽ झन्	झन् झन् झन् ऽ
प – ग म	ग – ग म	ग – स म	ग नि़ – स
पा ऽ य ल	बा ऽ ऽ ऽ	जे ऽ ऽ जा	गे मो ऽ री
नि़ – नि़ स	नि़ ध़ प़ –	– प़ नि़ स	रे रे स –
सा ऽ स न	न दी या ऽ	ऽ औ र दो	र नी याँ ऽ
गम प ग म	ग रे से –	म ग ग म	नि॒ ध प –
हाँऽ ऽ रे जे	ठ नी या ऽ	ऽ मा ऽ झन्	झन् झन् झन् ऽ ॥
+	2	0	3

अन्तरा

		प प नि नि	सं – सं सं
		अ ग र सु	ने ऽ मे री
सं सं रेंसं सं	नि – ध –	प – म –	ग – रे –
ब ग रऽ सु	ने ऽ ऽ ऽ	ऽ ऽ ऽ ऽ	ऽ ऽ ऽ ऽ
स प – पप	सरेंगं – सं रेंनि	धप म पग रेसम	ग नि़ – स
गो जो ऽ सुन	पाऽये ऽ स दाऽ	ऽऽ रं गीऽ लेऽजा	गे मो ऽ री
नि़ – नि़ स	नि़ ध़ प़ –	– प़ नि़ स	रे रे स –
सा ऽ स न	न दी या ऽ	ऽ औं र दो	र नी याँऽ
गम पप ग म	ग रे स –	म ग ग म	नि ध प –
हाऽ ऽऽ रे जे	ठ नी याँ ऽ	ऽ मा ऽ, झन्	झन् झन् झन्ऽ
+	2	0	3

राग-गारा कानड़ा-तीनताल

स्थायी– तन मन धन सब वारूँ आली।
जो आवे मोरे मंदरवा।।

अन्तरा– प्रेमिपिया को बेगलि आवो।
पलकन ते मग झारूँ।।

स्थायी–

		प म प ग	म रे ग॒ स
		त न म न	ध न स ब
सरे ग॒ रे –	– नि़॒ – ध़	प़ – ध़ नि़॒	स – – ध़
वाऽ ऽ रूं ऽ	ऽ आ ऽ ली	जो ऽ आ ऽ	वे ऽ ऽ मो
नि़ रे – रे	ग॒ रे ग॒ म		
ऽ रे ऽ मं	द र वा ऽ	॥	
+	2	0	3

अन्तरा

		– म ध नि	सं – सं –
		ऽ प्रे म पि	या ऽ को ऽ
पध नि ध प	ग – रे –	म नि ध नि	ध प ध म
बेऽ ऽ ग ली	आ ऽ वो ऽ	प ल क न	ते ऽ म ग
मप ध प –	– ग – रे	म नि ध नि	ध प ध म
झाऽ ऽ रूँ ऽ	ऽ आ ऽ ली	प ल क न	ते ऽ म ग
प – – प	– ग – रे		
झा ऽ ऽ रूँ	ऽ आ ऽ ली	॥	
+	2	0	3

राग-दुर्गा तीनताल

स्थायी– कहा करीये कौन हमारां
धीर लंगरवा अपनी गरजके॥

अन्तरा– मग में ठाड़ो आड़ो परत।
प्रेम पिया बलमारा॥

स्थायी–

	– – – सस	रे म प प	प म प ध
	ऽ ऽ ऽ कहा	क ही ये ऽ	ऽ की न ह
सरें संसं धसं धप	मप मम रेस स	– रे म प़	ध सं रें –
माऽ ऽ ऽ राऽ ऽऽ	ऽऽ ऽऽ ऽऽ ऽ	ऽ धी ट लं	ग र वा ऽ
सरें संसं धसं धप	मप मम रेरे सस		
अऽ पऽ नीऽ गऽ	रऽ जऽ केऽ कहा	॥	
+	2	0	3

अन्तरा

		म म प ध	सं – सं –
		ऽ म ग में	ठा ऽ ड़ी ऽ
सं ध सं रें	सं ध म रे	स रे म प	ध सं रें रें
आ ऽ डो प	र ऽ त ऽ	ऽ प्रे म पिं	या ऽ ब ल
सरें संसं धसं धप	मप मम रेरे सस		
माऽ ऽऽ शऽ ऽऽ	ऽऽ ऽऽ ऽऽ कहा	॥	
+	2	0	3

राग-शंकरा – तीनताल

स्थायी– ऐसी ढीठ लंगर कर बरजोरी,
और ठीठोरी।
निपट निडर मोरी ना माने न माने
न माने॥

अन्तरा– अँचरा पकर मोरी बैयां मरोरी।
प्रेम पिया ऐसो निपट निडर मोरी।
न माने न माने न माने॥

स्थायी–	प नि रें सं	नि नि प ग	प नि ध सं
	ए सो ढी ट	लं ग र क	र ब र जो
नि – प –	ग प ग –	(रे)स – स स	(प)ग ग प प
री ऽ औ ऽ	र ठी ठो ऽ	री ऽ नि प	ट नि ड र
नि नि नि सं	गं सं – नि	नि ध सं नि	– (ध)प (प)ग –
मो री न ऽ	ऽ मा ऽ ने	न ऽ ऽ मा	ऽ ने न ऽ
प ग – स			
ऽ मा ऽ ने	॥		
+	2	0	3

अन्तरा

	प प सं सं	सं सं सं सं	गं गं गं पं
	अँ च रा प	क र मो री	बै ऽ यां म
गं – रेंसं प	ग प ग –	रेस स स स	पग ग प प
रो ऽ री प्रे	म पि या ऽ	ऐ सो नि प	ट नि ड र
नि नि नि सं	गं रेंसं – नि	नि ध सं नि	– धप पग –
मो री न ऽ	ऽ मा ऽ ने	न ऽ ऽ मा	ऽ ने न ऽ
प ग – स			
ऽ मा ऽ ने	॥		
+	2	0	3

4

उस्ताद विलायत हुसैन खाँ

उस्ताद विलायत हुसैन खाँ का जन्म 1895 में आगरा में हुआ था। वे चार भाई थे मौहम्मद खाँ, अब्दुल्ला खाँ, विलायत हुसैन खाँ तथा नन्हें खाँ। उस्ताद विलायत हुसैन खाँ उस्ताद नत्थन खाँ के तीसरे बेटे थे। छोटी उम्र में ही इनके पिता का देहान्त हो जाने के कारण, इन्होंने अपने चचेरे दादा मौहम्मद बख्श से संगीत की तालीम ली। बाद में उस्ताद कल्लन खाँ, उस्ताद गुलाम अब्बास खाँ तथा जयपुर के उस्ताद करामत खाँ से भी उन्होंने संगीत सीखा। उस्ताद विलायत हुसैन खाँ ध्रुपद, धमार, ख्याल, ठुमरी, इत्यादि समान कुशलता से गाते थे। कुछ अप्रचलित रागों को उन्होंने गाकर लोकप्रिय बनाया। इन रागों में धराश्री, आनंदी, मलूहा केदार, मलूहा कल्याण, बहादुरी टोड़ी, उल्लेखनीय हैं। वे कुछ समय तक मैसूर दरबार में दरबारी गायक भी रहे।

संगीत के अलावा उन्हें उर्दू और फारसी साहित्य पर भी अच्छा अधिकार प्राप्त था। वह 'शफक' उप नाम से शायरी भी करते थे और 'प्राणपिया' के नाम से बंदिशों की रचना करते थे। उनकी एक प्रसिद्ध पुस्तक 'संगीतज्ञों के संस्मरण' प्रकाशित हुई। इनके तीन बेटे थे– यूनुस हुसैन खाँ, याकूब हुसैन खाँ और खुर्शीद हुसैन खाँ। इन्होंने कई रागों की रचना भी की– उनमें पंचम-सोहनी, परज-कालिंगड़ा उल्लेखनीय हैं। सन् 1962 दिल्ली में उनका देहान्त हुआ। उनकी रचित चार बंदिशें प्रस्तुत की जा रही हैं।

राग-परज-कालिंगड़ा-द्रुत तीनताल

स्थायी– बालम हो मोरा देओ गजराज।
हो बालम देयो गजराज मोरा॥

अन्तरा– बारा बरस बीते पीयाघर आये न।
दे तुम्हारो जगरत शेर में हो बालम।
देयो गजराज मेरा देयो गजराज।
हो वालम देयो गजराज मोरा॥

स्थायी–

											म	–	मप	–	ग
											बा	ऽ	लऽ	ऽ	म
म	–	–	–	गम	पध॒	प	–	प	–	ग	ग	म	ग	–	रे॒
हो	ऽ	ऽ	ऽ	मोऽ	ऽऽ	राऽ	ऽ	ऽ	ऽ	ऽ	दे	ओ	ग	ऽ	ज
ग	–	–	–	म॑म॑	गरे	गम॑	–	ग	रे॒	स	नि	नि	सं	–	रें॒
रा	ऽ	ऽ	ऽ	ऽऽ	ऽऽ	ऽऽ	ऽ	ज	मो	रा	दे	यो	ग	ऽ	ज
नि	–	सं	सं	सं	–	(नि)ध॒	प	प	–	ग	ग	म	ग	–	रे॒
रा	ऽ	ज	हो	ऽ	ऽ	वा	ल	म	ऽ	ऽ	दे	यो	ग	ऽ	ज
ग	–	–	–	म॑म॑	गरे॒	गम॑	–	ग	रे॒	स	म				
रा	ऽ	ऽ	ऽ	ऽऽ	ऽऽ	ऽऽ	ऽ	ज	मो	रा	वा	॥			
+				2				0				3			

अन्तरा

											नि	–	सं	–	रें॒
											बा	ऽ	रा	ऽ	ब
नि	–	सं	–	–	–	नि	–	सं	–	–	नि	सं	नि	–	ध॒
र	ऽ	स	ऽ	ऽ	ऽ	बी	ऽ	ते	ऽ	ऽ	पि	या	ध	ऽ	र

नि	सं	नि	–	–	–	–	म	प	म	–	ग	प	ध॒	नि	सं
आ	ये	न	ऽ	ऽ	ऽ	ऽ	दे	तु	म्हा	ऽ	रो	ज	ग	र	त
सं	सं	रें॒	सं	सं	–	ध॒	प	प	–	ग	ग	म	ग	–	रे॒
शो	ऽ	र	में	हो	ऽ	बा	ल	म	ऽ	ऽ	दे	यो	ग	ऽ	ज
ग	–	–	–	म॑म॑	गरे॒	गम॑	–	ग	रे	स	नि	नि	सं	–	रें॒
रा	ऽ	ऽ	ऽ	ऽऽ	ऽऽ	ऽऽ	ऽ	ज	मो	रा	दे	यो	ग	ऽ	ज
नि	नि	सं	–	सं	–	(नि)ध	प	प	–	ग	ग	म	ग	–	रे॒
रा	ज	हो	ऽ	ऽ	ऽ	बा	ल	म	ऽ	ऽ	दे	यो	ग	ऽ	ज
ग	–	–	–	म॑म॑	गरे॒	गम॑	–	ग	रे॒	स	म				
रा	ऽ	ऽ	ऽ	ऽऽ	ऽऽ	ऽऽ	ऽ	ज	मो	रा	वा	"			
+				2				0				3			

श्री आरिफ हुसैन खाँ से प्राप्त

राग-पंचम सोहनी – तीनताल (द्रुत)

स्थायी– सखी मोरे प्रीतम जारे सों।
जाये कहो विरह सताये।।

अन्तरा– रैन दीन मोहे तरपत बीती।
'प्राणपिया' बिन रहो न जाये।।

स्थायी–

											म॑	ग	रे॒	–	स
											स	खी	मो	ऽ	ऽ
स	–	–	नि़	ध़	नि़	–	रे॒	ग	–	–	सग	मप	म	प	–
रे	ऽ	ऽ	प्री	ऽ	त	ऽ	ऽ	म	ऽ	ऽ	जाऽ	ऽऽ	रे	सों	ऽ

धप मग – ग	म प ध प	सं – – ध	नि॒ ध ग म
ऽऽ ऽऽ ऽ जा	ऽ ये ऽ क	हो ऽ ऽ वि	र ह ऽ स
ग – गम॑ ध॒ग	म॑ ग म॑ ग	रे॒ स – म॑	
ता ऽ ऽऽ ऽऽ	ऽ ऽ ऽ ऽ	ऽ ये ऽ स	"
+	2	0	3

अन्तरा

		नि	– सं – रें॒
		रै	ऽ न ऽ दि
नि – सं –	सं – नि –	सं सं सं नि	सं नि – ध॒
न ऽ ऽ ऽ	ऽ ऽ मो ऽ	हे ऽ ऽ त	र प ऽ ल
म॑ ध॒ ध॒नि निसं	रेंनि सं – –	नि – – गं	– रें॒ – सं
ऽ ऽ बी ऽऽऽ	ऽऽ ऽ ऽ ऽ	ती ऽ ऽ प्रा	ऽ ण ऽ पि
सं – – नि	– सं सं सं	नि ध नि ध	ग – ग म
या ऽ ऽ बि	ऽ न ऽ ऽ	र ऽ हो ऽ	ऽ ऽ ऽ न
ग – गम॑ ध॒ग	म॑ ग म॑ ग	रे॒ स – म॑	
जा ऽ ऽऽ ऽऽ	ऽ ऽ ऽ ऽ	ऽ ये ऽ स	॥
+	2	0	3

श्री आरिफ हुसैन खाँ से प्राप्त

राग भटियार–एकताल (द्रुत)

स्थाई– तीवन सुख को विचार।
मनवा करत बार बार।
कासे कहूँ जाये।
सुनत नाही को बात॥

अन्तरा–

प्राणपिया जब आयेंगे मोरे द्वार।
करूँगी मैं कर जोर जोरी।
वनत नाही को बात।।

स्थाई–

स ध	ध ध	नि प	म –	म प	ग ग
जी ऽ	व न	सु ख	को ऽ	बि चा	ऽ र
मं ध	सं सं	सं सं	रें नि	ध नि	प प
म न	वा क	र त	बा ऽ	र बा	ऽ र
प ध	नि प	म म	म –	ग प	ग ग
का ऽ	ऽ से	ऽ क	हूं ऽ	ऽ जा	ऽ ये
प निध	नि प	ग प	ग –	रे रे	–स
शु न	त ना	ऽ ही	को ऽ	ऽ बा	ऽ त
+	0	2	0	3	4 ॥

अन्तरा

म –	ध सं	– सं	स –	– नि	रें सं
प्रा ऽ	ऽ ण	ऽ पि	या ऽ	ऽ ज	ऽ ब
रें नि	ध नि	– प	म –	म प	गग
आ ऽ	यें गे	ऽ ऽ	मो ऽ	रे द्वा	ऽ र
प निध	नि प	म म	म –	म प	ग ग
क रूं	गी मैं	क र	जो ऽ	र जो	ऽ री
प निध	नि प	ग प	ग –	रे रे	– स
ब न	त ना	ऽ ही	को ऽ	ऽ बा	ऽ त
+	0	2	0	3	4 ॥

राग-लंका-दहन-सारंग–द्रुत-तीनताल

स्थायी– चरण तक आयी लाज मोरे राखो।
मैं तुम पर श्याम जाऊँ बलिहारी।।

अन्तरा– 'प्राणपिया' की अरज शुन लीजे।
आन परी है मोपे कठिन अति भारी।।

स्थायी–

		रे	नि़ स रे प
		च	र ण त क
म – रे ग॒	रे स नि़ स	नि़ – प़ म़	प़ नि़ स रे
आ ऽ यी ला	ऽ ज मो रे	रा ऽ खो मैं	तु म प र
रेम पनि॒ प म	रे रे रे ग॒	रे – स रे	
श्याऽ ऽऽ म जा	ऽ ऊँ ब लि	हा ऽ री च	॥
+	2	0	3

अन्तरा

		म प नि॒प नि॒	सं – सं सं
		प्रा ऽ णऽ पि	या ऽ की अ
नि॒ सं रें सं	नि॒ सं नि॒ प	रे रे रे ग॒	रे – स स
र ज सु न	लि ऽ जे ऽ	आ ऽ न प	री ऽ है ऽ
रेम पनि॒ प मि॒	प म रे ग॒	रे॒ – स रे	
मोऽ ऽऽ पे क	ठी न अ ति	भा ऽ री च	॥
+	2	0	3

5

पं० दिलीप चन्द्र वेदी

पंजाब के पावन नगर आनन्दपुर साहिब के प्रतिष्ठित वेदी परिवार में 24 मार्च 1901 ई० रविवार के दिन, रात्रि के 12 बजे, पं० दिलीप चन्द्र वेदी का जन्म हुआ था। उनके पिता का नाम संतराम वेदी तथा माता का नाम ज्वालादेवी था। माता-पिता के देहान्त के बाद उनके मौसा-मौसी ने उनको अमृतसर के सेंट्रल खालसा यतीमखाना स्कूल में दाखिल करा दिया। यहाँ उन्होंने भाई उत्तम सिंह जी से संगीत की तालीम हासिल की।

सन् 1917-18 में उस्तादजी का स्वर्गवास होने के बाद वेदी जी सन् 1919 को पंडित भास्कर रावजी के शिष्य बने। तीन साल बाद भास्कर रावजी के देहान्त के बाद उन्होंने उस्ताद फैयाज खाँ साहब से बड़ौदा में संगीत की शिक्षा ग्रहण करना शुरू किया। पंडित दिलीप चन्द्र वेदी जी ध्रुपद, ख्याल, ठुमरी, गीत, गजल, भजन आदि सभी गायन शैलियाँ बहुत सुन्दर ढंग से गाते थे। उन्होंने 'शाही-लक्कडहारा', 'नूरमहल', 'जंगे-आजादी' इत्यादि फिल्मों में संगीतकार के रूप में काम किया। वेदी जी ने नादरंग तथा वेदी उपनाम से कई रचनायें की।

सन् 1964 में अखिल भारतीय गांधर्व मण्डल ने 'संगीत महामहोपाध्याय' की उपाधि देकर उनको सम्मानित किया। वे हारमोनियम बड़ा सधा हुआ बजाते थे। उन्हें तबले पर भी अच्छा अभ्यास था। सन् 1978 में भारत सरकार की ओर से वेदी जी आल इंडिया-रेडियो तथा दूरदर्शन के प्रोज्यूसर इमरीटस नियुक्त हुए। सन् 1982 में आपको तानसेन एवार्ड और स्वर्ण पदक प्रदान किया गया। जनवरी 1983 में आपको खैरागढ़ संगीत विद्यालय ने डी-लिट् की उपाधि देकर

सम्मानित किया। सन् 1992 अक्टूबर दिल्ली में उनका देहान्त हुआ। प्रस्तुत हैं उनसे प्राप्त कुछ बंदिशें–

राग–मिया की तोड़ी–तीनताल (द्रुत)

स्थायी– धाक परी तुमरी हिन्द मे।
सिन्ध पंजाब दक्षिण गुजरात।
गुरूवर्य भास्कर राव महाराज।।

अन्तरा– कंठ मधुर सों गान्धर्व गायन।
शुनत मगन वेदी भय लोगवा।
सरस्वती आप संवारे काज।।

स्थायी–

		धनि सं निध	प मंग ग मं
		धाऽ ऽ कप	री ऽऽतु म
निध – – –	धनि संनि धप गमं	धनि सं नि ध	प मंग ग मं
री ऽ ऽ ऽ	ऽऽ ऽऽ ऽऽ ऽऽ	धाऽ ऽ क प	री ऽऽ तु म
ध – – मे	रे ग रे स	स रे सरे ग	रे स स स
रि ऽ ऽ हि	ऽ न्द में ऽ	सिं ऽ धऽ ऽ	पं जा ऽ ब
मं ग रे ग	रे स – स	स रे ग ग	मं – ध ध
द क्षि ण गु	ज रा ऽ ल	गु रू व र्य	भा ऽ स्क र
धनि सं नि ध	प मं ग मे		
राऽ ऽ व म	हा रा ऽ ज	॥	
+	2	0	3

अन्तरा

प मं प ध	मं रेग मं ध
कं ऽ ठ म	धु रऽ सों ऽ

सं – सं सं	सं रें सं स	सं सं सं सं	सं सं सं रें
गा ऽ न्ध र्व	गा ऽ च न	सु न त म	ग न वे ऽ
सरे गं रें सं	संनि रेंसं निध	सं सरेंगं रें सं	नि सं नि ध
दीऽ ऽ भ य	लोऽ गऽ वा ऽ	स रऽऽ स्वती	आ ऽ प सं
धमे धनि सरें गरें	संनि धमं मेग रेस		
वाऽ ऽऽ ऽऽ ऽऽ	रेऽ काऽऽऽ जऽ	॥	
+	2	0	3

राग-बहार-एकताल (द्रुत)

स्थायी– रंग रंग फूल खिलत।
ऋतु वसंत आई।
पुष्पलता मदमाती।
पवन चलत पुरवाई।।

अन्तरा– कोकिल की कूक शुनत।
हूक उठ करेजवा में।
पपीहा की मधुर टेर।

स्थायी– नादरंग मन भाई।।

नि सं	रें सं	नि सं	नि –	प प	प प
रं ऽ	ग रं	ऽ ग	फू ऽ	ल खि	लत
म प	निप मग	– म	म नि	ध नि	सं –
ऋ तु	व सं	ऽ न्त	आ ऽ	ऽ इ	ऽ ऽ
धनि –	प प	म प	ग ग	म रे	– स
पु ऽ	ष्प ल	ता ऽ	म द	ऽ मा	ऽ ती
स म	म प	ग म	म नि	ध नि	सं सं
प व	न च	ल त	पु र	ऽ वा	ऽ ई
+	0	2	0	3	4 ॥

अन्तरा

ग–	म नि	– ध	नि –	सं नि	सं सं
को ऽ	कि ला	ऽ की	कू ऽ	क सु	न त
नि –	नि सं	सं सं	नि सं	रेंसं नि	ध नि
हू ऽ	क उ	ठ क	रे ऽ	ज वा	ऽ में
सं संमं	गमं रें	– सं	नि सं	रेंसं नि	– ध
प पीऽ	ऽऽ हा	ऽ की	म धु	र टे	ऽ र
धनि सरें	संसं धनि	संसं निप	मप निनि	पम गम	रेंस निस
नाऽ ऽऽ	दऽ रंऽ	ऽऽ गऽ	मऽ ऽऽ	नऽ भाऽ	ऽऽ ईऽ
+	0	2	0	3	4 ॥

राग-वेदी की ललित तीनताल (द्रुत)

स्थायी - नैंनवा के तीर न मारो।
जिगर पर लागे॥

अन्तरा - कौन सुलझाये नैनवा की उलझन।
जियरा धरत न धीर॥

स्थायी

		पध	निध पग गरे सरे
		नैऽ	ऽऽ नऽ वाऽ केऽ
ग – – –	रे रे ग ग	गस स प	ध सरे गग गरे
ती ऽ ऽ ऽ	ऽ ऽ ऽ ऽ	रऽ न मा	ऽ रोऽ ऽऽ जिऽ
सरे गप धनि धप	धस रेंगे रेंसं धप	गग ग–रेस पध	
गऽ ऽऽ ऽऽ रऽ	पऽ ऽऽ रऽ लाऽ	ऽऽ ऽऽ गेऽ नैऽ	॥
+	2	0	3

अन्तरा

											पप	पप	पध	सं	ध
											कौऽ	ऽऽ	ऽन	सु	ल
सं	–	सं	सं	ध	सं	रें	गं	रेंरें	संध	पग	गग	रेंस	स	रे	ग
झा	ऽ	ये	नै	ऽ	न	वा	की	उऽ	ऽल	ऽझ	ऽऽ	नऽ	जि	य	रा
प	ध	सं	गं	रें	सं	ध	प	ग	ग	रे	पध				
ध	र	त	न	धी	ऽ	ऽ	ऽ	ऽ	ऽ	र	नैऽ	॥			
+				2				0				3			

राग–मालकौंस : एकताल (द्रुत)

स्थायी– चन्द्र की चांदनी
मोरे मन भाई।।

अन्तरा– मंद मंद पवन चलत।
गायक गुणी चर्चा करत।
राग मालकौंस तान।
वेदी सुनाई।।

स्थायी–

सं	–	गंसं	निध	म	ग	म	नि	ध	नि	सं	सं
चं	ऽ	ऽऽ	न्द्रऽ	ऽ	की	चां	ऽ	ऽ	द	नी	ऽ
धनि	संगं	संनि	धनि	संनि	धम	गम	धनि	धम	गम	गस	निस
मोऽ	ऽऽ	रेऽ	मऽ	ऽऽ	नऽ	भाऽ	ऽऽ	ऽऽ	ऽऽ	ऽऽ	ईऽ॥
+		0		2		0		3		4	

अन्तरा

ग	–	म	नि	ध	नि	सं	सं	नी	सं	सं	सं
मं	ऽ	द	मं	ऽ	द	प	व	न	च	ल	त

नि	—	नि	नि	सं	सं	नि	सं	निसंगं	निसं	ध	नी
गा	ऽ	य	क	गु	णी	च	र	चाऽऽ	कऽ	र	ल
नि	—	सं	गं	मं	गं	सं	—	नि	ध	म	ग
रा	ऽ	ग	मा	ऽ	ल	कौं	ऽ	स	ता	ऽ	न
म	नि	ध	नि	सं	सं	संनि	धनि	संनि	धम	गम	गस
वे	ऽ	ऽ	दी	ऽ	सु	नाऽ	ऽऽ	ऽऽ	ऽऽ	ऽऽ	ईऽ ॥
+		0		2		0		3		4	

राग-बिहाग, तराना-तीन ताल (द्रुत)

स्थायी— ना दिर दिर दिम त न तन।
ताना देरे ना तदारे दानी।
यल लोम यल लोम यल लोम यलाली।
दिम त ताना नाना देरे नाता दारे दानी।
न तन देरे दानी॥

अन्तरा— गाहे सूफी गाहे ज़ाहिद।
गै कलंदर मीर सुभा।
रंग हाये मुख्तलिफ़ दारद।
बुते अै थारे मा॥

स्थायी —

		स म ग प	— नि ध सं
		ना दिर दिर दिम	ऽ त न त
नि — — —	प — गम ग	स म ग प	— नि ध सं
न ऽ ऽ ऽ	ऽ ऽ दाऽ नि	ना दिर दिर दिम	ऽ त न त
नि — — —	प ग — म	प ध ग म	ग रे स स
न ऽ ऽ ऽ	ता ऽ ऽ ना	दे रे ना त	दा रे दा नी

नि़ प़ नि़ नि़	स स स स	ग म गम पध	म ग – स
य ल लो म	य ल लो म	य ल लोऽ ऽम	य ला ऽ ली
– नि ध नि	सं गं रे सं	नि ध प ध	ग म रें ग
ऽ दिम ऽ त	ता ना ना ना	दे रे ना त	दा रे दा नी
गम पध ग म	ग रे स स		
नऽ ऽऽ त न	दे रे दा नी	॥	
+	2	0	3

अन्तरा

		– ग – म	प – नि –
		ऽ गा ऽ हे	सू ऽ फी ऽ
सं – – सं	सं रें सं सं	– नि नि नि	नि नि नि नि
गा ऽ ऽ हे	ज़ा ऽ हि द	ऽ ग ये क	ल न्द ऽ र
धनिसं सं नि	प – मे ग	ऽ ग – म	ग – रेस स
मीऽऽ र शु	भा ऽ ऽ ऽ	ऽ रं ऽ ग	हा ऽ ये ऽ
– ग – म	प प प –	ग ग – म	प – नि नि
ऽ मु ऽ ख्त	लि फ़ दा ऽ	र द ऽ बु	ते ऽ औ ऽ
पनि संगं गरें संनि	धप मप गम गरे		
याऽ ऽऽ ऽऽ रेऽ	ऽऽ ऽऽ माऽ ऽऽ	॥	
+	2	0	3

राग-मियां की तोड़ी-द्रुत तीनताल

स्थायी– कुँवर कान्ह बरजे माई।।

अन्तरा– बाट चलत मोहे रोकत टोकत।

जियरा मोरा वा लरजे माई।।

स्थायी–

		रे॒ ग॒ रे॒ स	– स म॑ ध़
		कुं ब र का	ऽ न्ह व र
सं – नि ध॒	म॑ ग॒ रे॒ स		
जे ऽ ऽ ऽ	ऽ ऽ मा ई	॥	
+	2	0	3

अन्तरा

		प म॑ प ध॒	म॑ ग॒ म॑ ध॒
		बा ऽ ट च	ल त मो हे
धनि सं सं सं	सं रें॒ सं सं	ध॒ ध॒ ध॒ गं॒	रें॒ – सं –
रोऽ ऽ क त	तो ऽ क त	वि ज रा ऽ	मो ऽ रा ऽ
ध़नि सं निध़	म॑ ग॒ रे॒ स		
वाऽ ऽ ल र	जे ऽ मा ई	॥	
4	2	0	3

राग-कुकुभ बिलावल-झंपताल (मध्यालय)

स्थायी– लंबोदर गिरिराज नमस्कार।

कर जोर भोर॥

अन्तरा– बुद्ध विवेक धन शुक्रित को।

तुझ बिन गुरू नहीं और॥

स्थायी–

ध़	रे	रे	रे	रे	ग	स	स	रे	रे
लं	ऽ	बो	द	र	गि	रि	रा	ऽ	ज
प	म	ग	ग	–	ग	रे	रे	स	–
न	म	स	का	ऽ	र	ऽ	क	र	ऽ
स	–	ग	रे	स	नि़	स	ध़	स	स
जो	ऽ	ऽ	ऽ	र	भो	ऽ	ऽ	ऽ	र
+		2			0			3	॥

अन्तरा–

स	ध	ध	–	ध	ध	–	–	नि	प
बु	ऽ	द्ध	ऽ	वि	वे	ऽ	ऽ	ऽ	क
प	ध	सं	–	ध	सं	ध	प	म	म
ध	न	ऽ	ऽ	ऽ	शु	ऽ	क्रि	ऽ	त
ध	म	–	–	प	ग	–	म	रे	–
तु	झ	ऽ	ऽ	बि	न	ऽ	गु	रू	ऽ
स	–	गरे	ग	स	नि़	–	ध़	स	स
ना	ऽ	ऽ	ऽ	ही	औ	ऽ	ऽ	ऽ	र
+		2			0			3	॥

प्रो॰ (श्रीमती) भूपिन्दर शीतल से प्राप्त

राग-भीमपलासी-द्रुत तीन ताल

स्थायी– बिरज में धूम मचावत कान्हा।
कैसे के सखी जाऊँ मैं अपने धाम॥

अन्तरा– सब सखीयन में लाज लेयत है।
ऐसे निपट निडर श्याम॥

स्थायी–

नि	ध	प	ग	म
बि	र	ज	में	ऽ

प – प प	ग रेस ग म	ग रे स रे	नि स ग म
धू ऽ म म	चा ऽ व त	का ऽ न्हा कै	से के स खी
पनि संनि ध प	ग रेस ग म	ग रे स नि	
जाऽ ऽऽ ऊँ मैं	अ प ने ऽ	धा ऽ म वि	॥
+	2	0	3

अन्तरा–

प प प प	पनि मप ग म	प नि सं गं	रें नि सं –
स ब स खी	यऽ नऽ में ऽ	ला ऽ ज ले	य त है ऽ
नि नि नि नि	नि प नि सं	नि ध प नि	
ऐ से नि प	ट नि ड र	श्या ऽ म वि	॥
+	2	0	3

राग-हमीर-द्रुत एकताल

स्थायी– अलवेला वनरा माई मोरा

जाने न दूंगी अकेला॥

अन्तरा– अपने पिया को मैं जाने न दूंगी

डारूँगी हार हमेला॥

				ग	– म
				अ	ऽ ल
ध –	धनि सं	नि ध	प म॑	प ग	– म
वे ऽ	लाऽ ऽ	व न	रा ऽ	ऽ अ	ऽ ल

ध –	धनि सं	नि ध	प मं	प ग	– म
वे ऽ	लाऽ ऽ	व न	रा ऽ	ऽ ऽ	ऽ ऽ
ध –	प –	ग ग	म –	रे स	स स
मा ऽ	ऽ ऽ	ई ऽ	मो ऽ	ऽ रा	ऽ ऽ
स –	– ग	– म	ध –	– प	– प
जा ऽ	ऽ ने	ऽ न	दूं ऽ	ऽ गी	ऽ अ
धनि सरें	नि सं	नि ध	प मं	प ग	– म
केऽ ऽऽ	ला ऽ	व न	रा ऽ	ऽ अ	ऽ ल ॥
+	0	2	0	3	4

अन्तरा–

प प	– सं	– सं	सं नि	रें सं	– सं
अ प	ऽ ने	ऽ पि	या ऽ	ऽ को	ऽ मैं
ध –	नि सं	नि रें	सं –	ध प	– –
जा ऽ	ऽ ने	ऽ न	दूं ऽ	ऽ गी	ऽ ऽ
गं –	मं रें	रें सं	सं –	ध प	– प
डा ऽ	ऽ रूं	ऽ गी	हा ऽ	र र	ऽ ह
धन सरें	नि सं	नि ध	प म	प ग	– म
मेऽ ऽऽ	ला ऽ	व न	रा ऽ	ऽ अ	ऽ ल ॥
+	0	2	0	3	4

राग दरबारी कान्हड़ा–द्रुत तीनताल

स्थायी– कान्ह घर आहीर जनम लीयो।

दूरजन काँपत देश देश के।

भगतन के मन आनन्द लीयो॥

अन्तरा– प्रकट्यो महाबली अति योद्धा।
कंस पछार दियो छिन में॥
कूंद परो जमुना जल भीतर।
कालीनाग नथ लीयो जनम लीयो॥

स्थायी–

		रे – रे	स स नि स रेस
		का ऽ न्ह	घ र आऽ ऽऽ
ध – नि प	स स सरे निस	धनि रे – रे	स स निस रेस
ही ऽ र ज	न म लिऽ योऽ	ऽऽ का ऽन्ह	घ र आऽ ऽऽ
ध – नि नि	स स स स	निनि पम पप प	ध ध नि नि
हीऽ र ज	न म लि यो	दूऽ रऽ जऽ न	का ऽ प त
स – स स	रे नि स –	ध नि स रे	रे रे स रे
दे ऽ श दे	ऽ श के ऽ	भ ग त न	के ऽ म न
ग – ग म	रे रे सरे निस	धनि रे – रे	
आ ऽ न न्द	लि ऽ योऽ ऽऽ	ऽऽ का ऽ न्ह	॥
+	2	0	3

अन्तरा–

		म म प प	ध ध नि नि
		प्र क टे ओ	म हा ऽ व
सं – सं सं	रें नि सं –	– नि नि नि	सं – सं सरें
ली ऽ अ ति	यो ऽ द्धा ऽ	ऽ कं स प	छा ऽ ड़ दिऽ
नि सं सरें निसं	ध – नि प	– नि सं सं	रें – सं रें
यो ऽ छिऽ नऽ	में ऽ ऽ ऽ	ऽ कूं द प	रो ऽ ज मु

गं म रें सं	ध नि प प	म प ध नि	सं सं नि प
ना ऽ ज ल	भी ऽ त र	का ली ऽ ना	ऽ ग न थ
ग – ग म	रे रे स निस	धनि रे – रे	
ली ऽ यो ज	न म लि योऽ	ऽऽ का ऽ न्ह	॥
+	2	0	3

राग–मालीगौड़ा-बिलंवित तीनताल

स्थायी– पतियाँ बलोना नेक पुरी।
कायव कंतु।
कैसे कर बालमजी अपना।
संदेसवा मोरा रे।।

अन्तरा– अब दशन चमक भूखन।
मोर सजनी।
अबरूपा हो गये केसूवा।
कैसे कर वालमजी अपना।
संदेसवा मोरा रे।।

स्थायी–

	ध़ नि़ स रे रे नि स --
	प ति याँ ब लोऽ ऽ ऽ ऽ
प़ – मे़ धग़ मे़ धनि़ स – रेरेसनि़ सनि़ स–रे रेस–नि़ध़	धनि़ रे ग नि़रे गरे रेगमे ग़गमेप मेध– – – प– प –
नाऽ ने ऽ क पु री ऽऽ ऽ काऽऽऽऽ ऽ य ऽऽ ब ऽ ऽ ऽ ऽ	कंन तु ऽ कै से कर बाऽऽऽऽऽ ऽ ऽ ऽ ल ऽ म ऽ
+	2
पध मेप मेग रे ग – रेग मेध मे मे ग रे स–नि़ रेमे	ग रे स रेनि़ स वि़ ध़ – धनि़ स रे रेनि़ स – –
जीऽ ऽऽ अ प ना ऽ संऽ देऽ ऽ ऽऽ स वा ऽ ऽ ऽऽ	मो रा रे ऽऽ ऽ ऽ ऽ ऽ प ति याँ ब लोऽ ऽ ऽ ऽ
0	3

अन्तरा

	म ग म ध़ नी – – – सं सं सं – सं – रें –
	अ ब द श न ऽ ऽ ऽ च म क ऽ भू ऽ ख ऽ
सं – धनिनि धनि रेंनि धनि ध प – प प प पधप प मग	गमध रें निधप मग मम गमम ग॒रे स नि़ रे ग रे रेगम गगमप मध प प
न ऽ मोऽऽ ऽऽ ऽरी ऽ स ज नी ऽ अबरू पाऽऽ ऽ ऽऽ	होऽऽऽ गयेऽ ऽऽ कैऽ ऽऽऽ सूवाकैं से क र वाऽऽ ऽऽऽ ऽ लम
+	2
पध मप मग रे ग – रेग मध म म ग रे स – नि रेम	ग रे स रे नि़ सं नि़ध – धनि़ स रे रे नि़ स – –
जीऽ ऽऽ अ प नाऽ संऽ देऽ ऽ ऽ ऽ स वा ऽ ऽ ऽ ऽ	मो रा रे ऽऽ ऽ ऽ ऽ ऽ पतियाँ ब लोऽ ऽ ऽ ऽ
0	3

राग–शुद्ध नट - विलंवित एकताल

स्थायी– ए करत हो मोसे।
नेहा की झूठी-झूठी।
बतियाँ बनाई।।

अन्तरा– एक हम हूँ जानत।
तुम हूँ जानत।
सब जग जानत।
हियरा सो हियरा मिलाई।।

स्थायी–

गरे – रे ग रे ग मप म
होऽ .ऽ ऽऽ ऽऽ ऽऽ मो
+
स रे – रे ग रे रे ग
झुं ठी ऽ व ति ऽ याँ ऽ
0

प ग म रे स – रेसनिसरेग म
ऽ ऽ ऽ ऽ से ऽ ने ऽऽ ऽऽऽ ऽ
0
म गमध धप रे रे ग रे
ऽ बऽऽ नाऽ ऽऽ ऽऽ
3

ससरेगम – गरेग – सनि सस
एऽऽऽऽ ऽ कऽऽ ऽ रऽ तऽ
म – रे स – धप – पनी
हाऽ ऽकीऽ ऽऽ ऽ झुं ठी
2
ग – मप म ^पग म गरेग – सनि सस
ऽ ऽ ऽ ऽ ई ए ऽ कऽऽ ऽ रऽ तऽ
4

ऽ ऽ पम प म प नी सं
एऽ क ह म हूँ ऽ
पधपप म प ग म रे स सस
जऽगऽ जा ऽ ऽ ऽ न त हिय
2
प म ग म गरेग – सनि सस

ऽ ई ए ऽ क ऽऽ ऽ रऽ तऽ ॥
4

अन्तरा

सं प नीसरें संसंसं सं सं रेंगंमं मं	रेंसं रेंसं धपप प रे म
जा ऽ नऽऽ त तु म हूँ ऽऽऽऽ जा	ऽऽ ऽऽ नतस ब ऽ ऽ
+	0
रे रे म^{ग} प प प प प	निसं रें सं ध प रे $^{रें}$ग ^{ग}म
रा ऽ ऽ ऽ सो ऽ हिय	राऽ मि ल ऽ ऽ ऽ ऽ ऽ
0	3

प्रोफेसर श्रीमती भूपिन्दर शीतल से प्राप्त

राग-कामोद– एकताल (द्रुत)

स्थायी– लागी रे मोरि नइ लगन।
लागी रे तुम सों मंमद शा।
पिया रे सुमिरन करत रहत।
निसदिन घरिपल छिन मोरि।।

अन्तरा– हो तो तेहारी बाट तकत हैं।
सोने न देत याद तेरी निसदिन मोरि।

स्थायी–

रे॒म रे॒म	प –	ध प	ग म	रे स	स स
ला गी	रे ऽ	मो रि	न इ	ल ग	ऽ न
रे॒म रे	प –	ध ध	प मं	प ध	प प
ला गी	रे ऽ	तु म	सो ऽ	ऽ मे	म द
प ग	म ध	प –	ग –	म रे	स स
रा ऽ	ऽ पि	या ऽ	रे ऽ	सु मि	र न
स ध़	प़ स	स स	स –	म रे	ग म
क र	त र	ह त	नि स	दि न	घ रि
ध प	ग म	ध प	ग म	रे स	स स
प ल	छि न	मो रि	न इ	ल ग	ऽ न
+	0	2	0	3	4 ॥

अन्तरा

प –	प सं	– सं	सं –	रें सं	– –
हो ऽ	ऽ तो	ऽ ते	हा ऽ	ऽ री	ऽ ऽ
सं –	ध प	– रें	सं –	ध प	– –
बा ऽ	ऽ ट	ऽ त	क ऽ	त हुं	ऽ ऽ

ग म	रे स	– स	स –	म रे	ग म
सो ने	न दे	ऽ त	या ऽ	द ऽ	ते री
ध प	ग म	ध प	ग म	रे स	– स
नि स	दि न	मो रि	न इ	ल ग	– न
+	0	2	0	3	4 ॥

राग-मियाँ मल्लार–तीनताल

स्थायी– सावन की कारी।
भारी अति डर पावनी।
बरसन लागी रे बदरिया रे॥

अन्तरा– चमक-चमक बिजुरिया चमके
दमक दमक जोवनवा दमके
अब तो प्यारे चोंक परी
गरजन लागी बरसन लागी रे
बदरिया रे॥

स्थायी–

		म	रे रे स –
		सा	व न की ऽ
स नि़ स ध़	नि़॒ ध स नि़	रे स – स	स रे स रे
का ऽ ऽ ऽ	ऽ ऽ ऽ ऽ	ऽ री ऽ भा	री अ ऽ ति
प – ग॒ –	– – म –	रे स रे स	– रे स रे
ड ऽ र ऽ	ऽ ऽ पा ऽ	ऽ ऽ व नी	ऽ अ ऽ ति
प – ग॒ –	– – म –	रे स रे स	– रेरे नि़स
ड ऽ र ऽ	ऽ ऽ पा ऽ	ऽ ऽ व नी	ऽ बर स न

म रे प प	नि ध सं नि	रें नि सं –	–निप मप निप
ला ऽ ऽ ऽ	ऽ ऽ ऽ ऽ	ऽ ऽ ऽ ऽ	ऽ गीऽ ऽऽ ऽऽ
ग – – म	रे रे स –	रेरे सुनि स म	रे रे स –
रे ऽ ऽ व	द रि या ऽ	रेऽ ऽऽ ऽ सा	व न की ऽ
+	2	0	3 ॥

अन्तरा

		नि नि – नि प	म प नि ध
		च म ऽ क च	म क वि ऽ
नि नि सं नि	सं नि सं सं	ध नि ध नि	सं नि सं सं
जु री यां ऽ	च म के ऽ	द म क द	म क जो ऽ
सं रें नि सं	ध नि प प	नि म प मम	प नि – सं
ब न बा ऽ	द म के ऽ	ए ऽ ऽ अब	तो प्या ऽ रे
मं गं मंम रें	सं निनि नि पप	ग म रे स	स रेरे नि़ स
चौं ऽ ऽ क प	री गर ऽ जन	ला ऽ गी ऽ	ऽ बर सं न
म रे प प	नि ध सं नि	रें नि सं –	– निप मप निप
ला ऽ ऽ ऽ	ऽ ऽ ऽ ऽ	ऽ ऽ ऽ ऽ	ऽ गीऽ ऽऽ ऽऽ
ग – – म	रे रे स –	रेरे सनि़ स म	रे रे स –
रे ऽ ऽ व	द रि याँ ऽ	रेऽ ऽऽ ऽ सा	व न की ऽ
+	2	0	3 ॥

राग-बसन्त–एकताल (द्रुत)

स्थायी– एंडि एंडि गैंडि गैंडि।

डोलत सब नारि, गोरी।

गरबा लागे रंग बरसे।

ऋतु बसंत मान आई।

जोबन कि वाक थोरि।।

अन्तरा–सोला हूं सिंगार कर आभरन

पहेर पायल बाजन

गूंद-गूंद गूंद गूंद, लाई

अबीर गुलाल लिए भर झोरि।।

स्थायी–

सं –	नि ध॒	– प	प –	म॑ग म॑	– ग
ऐं ऽ	डि ऐं	ऽ डि	गैं ऽ	डिऽ गैं	ऽ डि
म॑ ग	म॑ ध॒	नि सं	रें॒ –	नि म॑	– ध॒
डो ऽ	ल त	स ब	ना ऽ	रि गो	ऽ री
म॑ म॑	ध॒ नि	सं सं	नि रें॒	नि ध॒	म॑ ग
ग र	बा ला	ऽ गे	रं ग	ब र	से ऽ
म नि	ध॒ म॑	ग म॑	ग ग	रे॒ स	– स
ऋ तु	ब सं	ऽ त	मा ऽ	न आ	ऽ ई
स स	स म	– ग	म॑ –	ध॒ नि	रें॒ सं
जो ऽ	ब ना	ऽ की	वा ऽ	क थो	ऽ रि
+	0	2	0	3	4 ‖

अन्तरा

मं मं	ध सं	सं सं	स सं	नि रें	सं सं
सो ला	हूं सिं	गा र	क र	आ भ	र न
सं सं	सं सं	सं सं	सं नि	रें नि	ध –
प हे	र पा	य ल	बा ऽ	ऽ ज	न ऽ
मं –	ध नि	रें नि	ध नि	ध मं	– ग
गूं ऽ	द गूं	ऽ द	गूं ऽ	द गूं	ऽ द
मं ध	नि नि	ध मं	ग मं	ग रे	स स
ला ऽ	ऽ ऽ	ऽ ऽ	ऽ ऽ	ऽ ऽ	ई ऽ
सं गं	रें मं	गं रें	सं सं	रें नि	मं ध
अ बि	र गु	ला ल	लि ए	भ र	झो रि
+	0	2	0	3	4 ॥

राग पलासी-बिलंबित तीनताल

स्थायी – ए तुमी संग लागी रसना।
पीहरवा मोरा।।

अन्तरा– निसदिन तुमरा ध्यान धरत हूँ।
मन रंग रहो निसजाई।।

				रेसनि़प़ नि़स रेग	रेसनि़–	ध़प़ध़–	म़–प–
				एऽऽऽऽऽऽऽ	तुम ऽऽ	सं ऽ ऽऽ	गऽ लाऽ
				3			
नि़ – – –	– – सग	रे – स–	– – – –	नि़ – नि़ नि़	नि़ – प़ –	नि़ – स–	– –नि़–
गी ऽऽऽ	ऽऽ र स	ना ऽ ऽ ऽ	ऽ ऽ ऽ ऽ	पि ऽ ह र	वा ऽ ऽऽ	मो ऽ ऽऽ	ऽ ऽ ऽ ऽ
+				2			
स रे – – –	स – रेग –	रे – – –	स– – –	रे स नि़ प़ नि़ स रे ग			
ऽऽ ऽ ऽ ऽ	ऽ ऽ ऽऽ ऽ	रा ऽ ऽऽ	ऽ ऽ ऽ ऽ	ए ऽ ऽ ऽ ऽ ऽ ऽ ऽऽ			
0				3			॥

अन्तरा

				–	–	नि स ग म	प प प प
				ऽ	ऽ	नि सं दि न	तु म रा ऽ
				3			
ग – म म	मग पम प–	ग – रे रे	स – – –	नि – प–	ध़ म़ प़ नि	नि – – –	स म म –
ध्या ऽ ऽ न	ध ऽ ऽऽ	र ऽ त ऽ	हूं ऽ ऽ ऽ	म ऽ न ऽ	रं ग र हो	ऽ ऽ ऽ ऽ	नि स जा ऽ
+				2			
ग मप – –	म, मध प –	ग – – –	रे – स –	नि प़ नि स रे ग – रे			
ऽ ऽऽ ऽऽ	ऽ ऽऽ ऽऽ	ऽ ऽ ऽ ऽ	ऽ ऽ ई ऽ	ए ऽ ऽ ऽ ऽ ऽ ऽ ऽ ऽ		||	
0				3			

राग-शुद्ध नट - झंपताल

स्थाई– आये घन गरजत चहुं ओर के जात।
घिरी-घेरी घनघोर मन सुघर तरपत।।

अन्तरा– कहुँ दामिनी कोध कहूँ बिजरी चमके।
कहुँ परत बौछार।।

स्थायी– बिरहा जरावत ।।

ध प	ध प म म	म म	रे म म
आ ये	घ ऽऽ न	ग र	ज ऽ त
म ग	प – धप	म –	मरे – स
च हूँ	ओ ऽ रऽ	के ऽ	जा ऽ त
स स	रे – स	स स	ध़ – प़
घि री	घे ऽ री	घ न	घों ऽ र
रे ग	गरे म म	रे म	स रे स
म न	सु घ र	त र	प ऽ त ।।
+	2	0	3

अन्तरा

म मग	प – प	सं –	सं – सं
क हुंऽ	दा ऽ मि	नी ऽ	कों ऽ ध
प रें	सं सं रें	सं –	धप म –
क हुं	बि ज री	च ऽ	मऽ के ऽ
सं सं	रें गं मं	रें मं	रें – सं
क हुं	प र त	बौ ऽ	छा ऽ र
स स	रे ग म	रे म	स रे स
बि र	हा ऽ ज	रा ऽ	व ऽ त ।।
+	2	0	3

प्रोफेसर (श्रीमती) भूपिन्दर शीतल से प्राप्त

राग-बिहागड़ा-झँपताल

स्थायी– आज आनन्द मुख चन्द्र।
जैसे जिया मीठे करत बैन।
पिया गरे लागन को।।

अन्तरा– बाला पन जोबना।
मदकी भरी आखियाँ।
मौतन मांग भरी।

स्थायी– सोहात सुहागन की।।

म ग	म धप नि	ध पम	ग प म
आ ऽ	ज आऽ ऽ	नं ऽ	न्द मुख
ग –रे	स नि़ सध़नि़	स –	रे स –
च ऽऽ	न्द्र जै ऽऽ	से ऽ	जि या ऽ
स –	ग – म	पध मप	ग –रे स
मी ऽ	ठे ऽ क	रऽ तऽ	बै ऽऽ न
स स	म ग म	प ध	नि सं रेंसं
पि या	ग रे ऽ	ला ऽ	ग न को
नि ध	म धप नि	ध म	ग रे स
आ ऽ	ज आऽ ऽ	नं ऽ	न्द मु ख।।
+	2	0	3

अन्तरा

म ग	म नि ध	नि सं	रें सं –
वा ऽ	ला प न	जो ऽ	ब ना ऽ
प नि	धनि निरें सं	नि धप	सं नि –
म द	की भ री	अ खि	याँ ऽ ऽ

प ध	म ग म	प ध	नि सं सं
मौ ऽ	त ऽ न	माँ ऽ	ग भ री
रेंसं नि	धप ध म	धप ध	नि सं सं
सोऽ हा	तऽ ऽ सु	हा ऽ	ग न की
नि ध	म पम निसं	प ग	प ग म
आ ऽ	ज आऽ ऽऽ	न ऽ	न्द मु ख
+	2	0	3

प्रो० श्रीमती भूपिन्दर शीतल से प्राप्त

राग-छायानट-तीनताल

स्थायी– झनन-झनन झन ननन ननन।
बाजे पायलिया।
पिया के मिलन को चली जात।
अपने मंदिर सों, पायलिया।।

अन्तरा– पूजा करन को निकसी घर सों।
अलवेली नार।
चौंक परी इनायत, बार बार।

स्थायी– पायलिया।।

स ध़ प़ स	स स स स	रे रे ग रे	ग म पध प
झ न न झ	न न झ न	न न न न	न न नऽ न
म ग म रे	स रे स –	सस रेग मम रे	स रे स –
वा ऽ ऽ ऽ	ऽ ऽ जे ऽ	पाऽ ऽऽ ऽऽ ऽ	ऽ लि या ऽ
स स रे रे	ग म पध मप	म ग म रे	ग म ध प
पि या के मि	ल न कोऽ ऽऽ	च ली ऽ जा	ऽ त अ प

म ग म रे	स रे स –	स स रेग मम रे	स रे स –
ने ऽ ऽ मं	दि र सों ऽ	पाऽ ऽऽ ऽऽ ऽ	ऽ लि या ऽ॥
+	2	0	3

अन्तरा

म प नि नि	सं सं सं सं	प नि सं रें	सरें निसं ध प
पू जा ऽ क	र न को ऽ	नि क सी ऽ	घऽ रऽ सो ऽ
ग ग म रे	स रे स स	मं – मं रें सं	सं सं ध प
अ ल्वे ऽ ली	ना ऽ र ऽ	चौं ऽक प री	इ ना य त
रे ग म रे	स रे स स	सस रेग मम रे	स रे स –
बा ऽ ऽ र	बा ऽ र ऽ	पाऽ ऽऽ ऽऽ ऽ	ऽ लि या ऽ
+	2	0	3 ॥

6

श्री जगन्नाथ बुआ पुरोहित

श्री जगन्नाथ बुआ पुरोहित का जन्म सन् 1905 में हुआ था। श्री जनार्दन पुरोहित के सुपुत्र जगन्नाथ बुआ भी आगरा घराने के गवैये थे। इन्होंने बचपन से ही संगीत की शिक्षा प्राप्त की। सबसे पहले इन्होंने मुहम्मद अली खाँ सिकन्दर वाले से हैदराबाद में तालीम ली। उसके बाद तानरस खाँ के भानजे शब्बू खाँ दिल्ली वाले से भी कुछ चीजें याद कीं। उस्ताद मुहम्मद अली खाँ ने उनको उस्ताद विलायत हुसैन खाँ साहब के पास भेजा और तब से यह उनसे ही संगीत सीखते रहे। उस्ताद अजमद हुसैन खाँ से भी कुछ बंदिशें याद की हैं।

कोल्हापुर और बम्बई में इनका विशेष रूप से नाम था। इन्हें संगीत प्रचार का भी शौक था। कोल्हापुर में इन्होंने एक संगीत स्कूल खोला। जब से आपने कोल्हापुर में स्कूल खोला तब से महिने में पन्द्रह दिन कोल्हापुर में रहकर अपने शिष्यों को सिखाते रहें। इन्होंने गुणीदास अपनाम से कई बंदिशों की रचना की। इनके मुख्य शिष्यों में गुलाब बाई आकोड़कर, गुलाबबाई बेलगामकर, मोहन तारा, राम मराठे, गजाननराव जोशी, जितेन्द्र धनाल, केशव धर्माधिकारी, बालक राम इत्यादि उल्लेखनीय हैं। सन् 1968 में इनका देहान्त हुआ। प्रस्तुत है उनकी दो रचनायें : –

राग-अहीर-भैरव-एकताल (द्रुत)

स्थायी– बेग बेग आओ मंदिर।
बहुत दिनन बीते पिया।।

अन्तरा– सूझत कछु नाही मोहे।
निस दिन अब धरी पल।
गुणीदास को दरस दीजे।

स्थायी– अब प्राणपिया।।

नि़॒ध़ –	नि़॒ स	– रे॒	ग –	रे॒ स	स स
बे ऽ	ग बे	ऽ ग	आ ऽ	ओ मं	दि र
नि़॒स स	रे॒ ग	म म	गम पम	ग रे॒	स –
ब हु	त दि	न न	बीऽ ऽऽ	ते पि	या ऽ
+	0	2	0	3	4 ॥

अन्तरा

प –	ध ध	नि॒ नि॒	सं –	नि॒ रें॒	– सं
सू ऽ	झ त	क छु	ना ऽ	हीं मो	ऽ हे
नि॒सं रें॒	गं मं	पं मं	गं रें॒	गं रें॒	– सं
नि स	दि न	अ ब	घ री	ऽ प	ऽ ल
नि॒सं नि॒	– ध	प म	ग रे॒	ग रे॒	स स
गु णी	ऽ दा	ऽ स	को ऽ	ऽ द	र स
ध़ –	नि़॒ –	स रे॒	ग –	रे॒ स	स –
दी ऽ	जे ऽ	अ ब	प्रा ऽ	ण पि	या ऽ
+	0	2	0	3	4 ॥

राग-जोगकौंस-तीनताल

स्थायी – पीर पराई जाने नहीं बालमवा हो।।

अन्तरा – प्राणपिया तुम ऐसे निठुर भये।

गुणीदास की सारी आस गवाई हो।।

+	2	0	3
		निध	ध प – म
		पी	ऽ र ऽ प
म – – –	गग – मप (ग)मम	ग – स निस	गस (नि)ध – नि
रा ऽ ऽ ऽ	ऽऽ ऽ ऽऽ ऽऽ	ऽ ऽ ई जा ऽ	ऽऽ ने ऽ न
(ग)स (म)ग (ध)-म (नि)-ध	नि सं (नि)-ध ध	प म ध ध	
ही ऽ ऽ ऽ	ऽ वा ल म	वा हो ऽ पी	।।
+	2	0	3

अन्तरा

+	2	0	3
		(म)ग	म ध(नि)-–नि
		प्रा	ऽ ण ऽ पि
सं – – –	(नि)-ध – नि –	सं – – ध	नि सं गं मंपंमं
या ऽ ऽ ऽ	ऽ ऽ तु ऽ	म ऽ ऽ ऐ	ऽ से ऽ निऽऽ
गं – सं –	नि सं निसं गंसं	ध(नि)- – – ग(म)	म (नि)-ध – नि
ठु ऽ र ऽ	ऽ ऽ भऽ ऽऽ	ये ऽ ऽ गु	णी दा ऽ स
सं – गं (नि)सं	ध – प म	प म ध ध	
की ऽ सा री	आ ऽ स ग	वा ई हो पी	।।
+	2	0	3

7

पं० निवृत्ति बुवा सरनायक

पं० निवृत्ति बुवा सरनायक का जन्म 4 जुलाई 1912 को कोल्हापुर में हुआ। उन्होंने संगीत की शिक्षा उस्ताद अल्लादिया खाँ और उस्ताद रजब अली खाँ से ली। उन्होंने मात्र सत्रह वर्ष की आयु में ही अपने पूर्वज शंकर राव सरनाइक की नाटक मंडली में गाना शुरू कर दिया था। बाद में कुछ समय तक वह कोल्हापुर राज-दरबार में राज-गायक भी बने रहे।

उन्होंने अनेक संगीत सम्मेलनों, रियासतों तथा राज-दरबारों में गायन प्रस्तुत किया। और अनेक पुराने रागों की भी जानकारी हासिल की। ध्रुपद-धमार, ख्याल आदि शैलियों की उन्होंने उत्तम शिक्षा प्राप्त की। एवं अनेक उच्चकोटि की रचनायें भी कीं।

उनसे प्राप्त राग पट मंजरी और राग सुधराई में दो बंदिशें यहाँ प्रस्तुत हैं-

राग-पट मंजरी-बिलंबित तीनताल

स्थायी– ए पहले तो आँख मोरी।
जैसो ही पिया।
पास बसे होत वियोग ये दुःख।
कासे कहूँ ये तन की रीत।।

अन्तरा– देख खुशाल भरे काजल की रेखा।
पलक ढूंढू पातीसी चमक।।

स्थायी–

	स – ध़ प़ ध़ प़
	ए ऽ प ह ले तो
	3
स स रेस नि़ ध़सनि़ नि़स मग मप मग म ग रे स नि़-स ग	रेस रे नि़ स म म म प – मग रे म ग ग म ध म
आँख मोऽऽ ऽऽरी जैसो ही ऽ ऽऽऽ ऽऽ ऽऽपिया पाऽ स ब	सेऽ होऽऽ ऽ त बि यो ऽ ऽऽ ऽ ऽ ग ये ऽ ऽ ऽ
+	2
ध नी सं धनी ध म ग– म ग स नी़ ध़ नी़ स म- गमप	म ग म ग– रे स – नि़ सरे स – ध़ प़ ध़ प़
दु ख का ऽ ऽ से ऽ ऽऽ का हूंऽ ये ऽ त न कीऽ ऽऽऽ	ऽ ऽ ऽ ऽ त ऽ ऽ ऐ ऽ ऽ ऽ प ह ले तो ।।
0	3

ग प नी नी
दे ऽ ख खु

रे – – स स स ग – प – धग म ग रे रे
खा ऽ ऽ ऽ प ल क ऽ ऽ ऽ ऽऽ ऽ ढूं ऽ ऽ

2

म ग म रे – स – नि़ – सरे स – ध़ प़ ध़ प़
म ऽ क ऽ ऽ ऽ ऽ ए ऽ ऽऽ ऽ ऽ प ह ले तो ॥

3

अन्तरा

सं – निनि सं – प – नीनी सं – नी[ध]– प ग म
शा ऽ लभ रे ऽ का ऽ जल की ऽ रे ऽ ऽ ऽ ऽ

+

स – स – ग–प – – सं – प म – मपध प
ढ़ ऽ पा ऽ ती ऽ सी ऽऽ ऽ ऽ ऽ ऽ ऽ ऽऽऽ च

0

प्रोफेसर (श्रीमती भूपिन्दर शीतल से प्राप्त)

राग-सुघराई-बिलंवित-तीनताल

स्थायी– पिया बनजा बनज सुआया।
लायो सुहाग मांग पूरी रे।।

अन्तरा– मुख को तंबोल नैनन हूँ को कजरा।
और करन को चूरियाँ री रे।।

स्थायी–

	म पसं – रेंनि सं प नि प
	पि याऽ ऽ ऽऽ ऽ ब ऽ न
प – म – पनि मप मग – गम – रे स रे – स –	रेरे सनि सरे ग – – म प –नि प म प संनि – सं सं सं
जा ऽ ऽ ऽ ऽऽ ऽऽ ऽ ऽ ब न ऽ ज सु आ ऽ या ऽ	लाऽ ऽऽ ऽऽऽ यो ऽ ऽ सु हा ऽऽ ग मा ऽ ग ऽ ऽ पू री
नि – सं रें – – सं रेंनि सं – – पनि – – पम – –	– मरे – – स – – – म पसं – रेंनि सं प नि प
ऽ ऽ ऽ ऽ ऽ ऽ ऽ रेऽ ऽ ऽ ऽ ऽ ऽ ऽ ऽ ऽ ऽ ऽ ऽ	ऽ ऽऽ ऽ ऽ ऽ ऽ ऽ ऽ पि याऽ ऽ ऽऽ ऽ ब ऽ न ।।
0	3

	म प नि॒प सं॑नि॒
	मु ख कोऽ तं

अन्तरा

सं – सं सं सं – सं सं रें – संरें संनि – सं संरें रें	निसं प नि॒ प म – पनि॒नि॒ – ममप मग॒ – मम म प प
वो ऽ ऽ ल नै ऽ न न हूं ऽ कोऽ ऽऽ ऽ क जऽ ऽ	राऽ ऽ ऽ ऽ औऽ ऽऽऽ ऽ ऽऽ ऽऽऽ र क र न
+	2
नि॒ नि॒ सं – सं सं सरें सं रेंनि॒ सं – प नि॒ प नि॒ –	पम प – – मरे – – स म प सं रें नि॒ सं प नि॒ प
को ऽ ऽ ऽ चू री यांऽ ऽ रीऽ ऽ ऽ ऽ ऽ ऽ रे ऽ	ऽऽ ऽ ऽ ऽ ऽऽ ऽ ऽ ऽ डी पियाऽ ऽऽ ऽ ब ऽ न ॥
0	3

ॐ प्रोफेसर (श्रीमती) भूपिन्दर शीतल से प्राप्त

8

उस्ताद खादिम हुसैन खाँ

आगरा घराने के उस्ताद खादिम हुसैन खाँ उस्ताद नत्थन खाँ के दौहित्र थे। उस्ताद विलायत हुसैन खाँ उनके मामा थे और आगरा घराने के उस्ताद अल्ताफ हुसैन खाँ उनके पिता थे। उस्ताद अल्ताफ हुसैन खाँ अतरौली में रहते थे, इसलिए कुछ लोग उन्हें अतरौली घराने का भी मानते हैं।

उस्ताद खादिम हुसैन खाँ का जन्म 1918 में हुआ था। उनको कई उपाधियाँ और पुरस्कार मिले, उनमें से 'पदम-भूषण' और संगीत नाटक अकादमी पुरस्कार विशेष उल्लेखनीय हैं। उनका निधन मुंबई में जनवरी सन् 1993 में हुआ। उस्ताद अनवर हुसैन खाँ और उस्ताद लताफत हुसैन खाँ उनके दो छोटे भाई थे। उस्ताद खादिम हुसैन खाँ ने 'सजनपिया' के उप नाम से कई बंदिशों की रचना की है। उनकी दो बंदिशें प्रस्तुत हैं-

राग-झिंझोटी - ताल-द्रुत तीनताल

स्थायी - सांँवले सलोनी सी ।
लागे मोरे नैन ।।
सखीरी अपने पिया से।
परत नाही चैन ।।

अन्तरा

घड़ी घड़ी पल छिन ।
विरहा सतावत।।
सजन का से कहूँ मैं।
जिके रैन ।।

स्थायी–

	म रे ग	स रे ऩि स	ध़ ऩि प़ ध़
	साँ व ले	स लो नी सी	ल गे मो रे
स - स स	ऩि ध़ स स	ध ध संनि नि	ध प म ग
नै ऽ न स	रवी ऽ री ऽ	अ प ने ऽ पि	या से प र
स रे ग स	रे म रे ग		
त ना ही चै	न सा व ले		
+	2	0	3 ॥

अन्तर –

		ध म प ध	सं सं सं सं
		घ ड़ी घ ड़ी	प ल छि न
धध सं रें गं	सं सं सं सं	सं सं सं ध	नि प ध म
बिर हा स ता	ऽ व त स	ज न का ऽ	से क हूं मैं
ग स रे ग	स म रे ग		
जि ऽ के रै	न सा व ले ॥		
+	2	0	3 ॥

श्री आरिफ हुसैन खाँ से प्राप्त

बंसत - बहार - द्रुत तीनताल

स्थायी - आई बसंत बहार ।
फूली है वन वन में सरसों ।
कोयल कैसे पूकार ॥

अन्तरा - सजन पियासे यह जा कहियो ।
घर आऊँ आई बहार ॥

स्थायी–

		सं - नि ध॒	पध॒ म॑प ग म
		आ ऽ ई ब	संऽ ऽऽ त ब
नि॒ - - ध	नि - सं -	सं - नि ध॒	प - म॑ ग
हा ऽ ऽ ऽ	ऽ ऽ र ऽ	फू ऽ ली ऽ	है ऽ व न
म॑ ग गम॑ध गम॑	ग रे॒ स -	म म म म	प - ग॒ म
व न मेंऽऽ ऽऽ	स र सों ऽ	को ऽ य ल	कै ऽ से पू
नि॒ - - ध	नि - सं -		
का ऽ ऽ ऽ	ऽ ऽ र ऽ	॥	
+	2	0	3

अन्तरा –

		म नि॒ ध नि	सं - सं -
		स ज न पि	या ऽ से ऽ
निसं रें रें सं	नि सं नि॒ ध	सं नि ध॒ प	पध॒ म॑प ग म
यह ऽ जा ऽ	क हि यो ऽ	घ र आ ऊं	आऽ ऽऽ ई ब
नि॒ - - ध	नि - सं -		
हा ऽ ऽ ऽ	ऽ ऽ र ऽ ॥		
+	2	0	3

श्री आरिफ हुसैन खाँ से प्राप्त

९

प्रोफेसर ध्रुवतारा जोशी

ध्रुवतारा जोशी का जन्म लखनऊ के एक संभ्रान्त परिवार में 1 अक्टूबर, 1921 में हुआ था। उनकी प्रारंभिक शिक्षा कलकत्ता में हुई । उन्होंनें दर्शनशास्त्र में एम०ए० की उपाधि अपने गृहनगर लखनऊ के एक डिग्री कालेज से प्राप्त की। वे शिक्षा जगत और सामाजिक परिवेश में जोशी जी के नाम से विख्यात थे। जोशी जी ने केवल सोलह वर्ष की आयु में अपनी वादन कला की प्रथम सार्वजनिक प्रस्तुति श्रोताओं के समक्ष प्रस्तुत की। आपने ख्याल- गायन की विधिवत शिक्षा आगरा घराने के मशहूर उस्ताद फैयाज़ खाँ साहब से प्राप्त की थी।

जोशी जी एक उत्कृष्ट संगीतज्ञ तो थें ही, वे समय-समय पर संगीत रचनाएँ भी किया करते थे। उन्हें उर्दू, हिन्दी, अँग्रेजी, पर्शियन और बांग्ला भाषाओं का सम्यक् ज्ञान था। वे अपने समय के उत्कृष्ट सितार-वादक थे। उन्होंनें अखिल भारतीय स्तर पर अनेक संगीत सभाओं में भाग लेते रहे। किन्तु दुर्भाग्यवश शरीरिक शक्ति से क्षीण होने के कारण वे अधिक समय तक सक्रिय न रह सके और उन्हें सितार-वादन का त्याग करने के लिए बाध्य होना पड़ा। इसके पश्चात् उन्होंने अपना ध्यान संगीत-रचना और अध्ययन पर केन्द्रित कर लिया। यही कारण है कि वे न केवल उर्दू और हिन्दी भाषाओं में ख्याल, ध्रुपद और ग़ज़ल गायकी की अनेक उत्कृष्ट रचनाएं संगीत को दे सके, उन्होंने वाद्य संगीत के लिए भी अनेक बंदिशों की रचना की। वे संगीत कला के प्रचार-प्रसार के लिए जीवन पर्यन्त सक्रिय रहे।

जोशी जी हिन्दी भाषा में 'प्रेमरंग' और उर्दू भाषा में 'जुनू लखनवी' के उपनाम से संगीत रचनाएँ किया करते थे। लगभग 72 वर्ष की आयु में 28 सितम्बर, 1993 को बर्धवान जिला में जोशीजी का देहान्त हुआ।

प्रस्तुत है उनकी रची हुई दो बंदिशें–

राग रामकली – तीनताल

स्थाई– दरस दिखाजा।
सुन्दर श्याम।
सलोने कान्हा।।

अन्तरा– शावली सूरत ।
मन वस कीन्होरे।
मुरली की तान।
शुनाजा कान्हा।।

स्थाई–

		प	धनि ध प मं
		द	रऽ स ऽ दि
प – – –	ग – गम पम	रे – स नि	स म ग म
खा ऽ ऽ ऽ	ऽ ऽ ऽऽ ऽऽ	जा ऽ ऽ सुं	ऽ द ऽ र
प – ध नि	सं ध – प	प मं प प	
श्या ऽ म स	लो नो ऽ ऽ	काऽ न्हा द	॥
+	2	0	3

अन्तरा

		– – – ग	म नि ध नि
		ऽ ऽ ऽ शा	ऽ व ऽ ली
सं – – –	सं – रें –	सं – – नि	नि सं – रें
सू ऽ ऽ ऽ	ऽ ऽ र ऽ	त ऽ ऽ म	न ब ऽ स

(सं) - - -	- - नि सं	<u>ध</u> - प म	प ग - म
की ऽ ऽ ऽ	ऽ ऽ न्हो ऽ	रे ऽ ऽ मु	र ली ऽ की
प - <u>ध</u> नि	सं <u>ध</u> - प	प मे प प	
ता ऽ न सु	ना जा ऽ ऽ	का ऽ न्हा द	॥
+	2	0	3

प्रो0 (श्रीमती) भूपिन्दर शीतल से प्राप्त

राग भटियार - एकताल

स्थाई - उन विन कछु ना सुहाये ।
निसदिन जिया कल न पाये॥

अन्तरा- जब उनकी याद परत ।
नैनन सों नीर वहत ।
प्रेमरंग यही रटत ।
प्रेमपिया नाही आये॥

स्थाई -

स ध	ध ध	(पध मप)	म -	प ग	<u>रे</u> स
उन	बि न	(कऽ छुऽ)	ना ऽ	सु हा	ऽ ये
स स	म म	प प	ग म	प ग	<u>रे</u> स
नि स	दि न	जि या	क ल	न पा	ऽ ये
+	0	2	0	3	4 ॥

अन्तरा

मे ध	सं सं	सं -	सं -	सं नि	<u>रें</u> सं
ज ब	उ न	की ऽ	या ऽ	द प	र त

रेसंसनि – –	रें गं	रेंसंसंनि – –	सरें रें	निध धध	धनिऽ प
नै ऽऽऽ ऽऽ	न न	सों ऽऽऽ ऽऽ	ऽऽ नी	ऽर व	हऽ त
प ग	प ग	रे स	म –	म मग	प प
प्रे ऽ	म रं	ऽ ग	य ऽ	ही रऽ	ट त
मं ध	ध नि	धप प	प ग	प ग	रे स
प्रे ऽ	म पि	याऽ ऽ	ना ऽ	ही आ	ऽ ये
+	0	2	0	3	4 ॥

प्रो0 (श्रीमती) भूपिन्दर शीतल से प्राप्त

10

प्रोफेसर एम. आर. गौतम

प्रो. एम आर गौतम का जन्म दक्षिण भारत के तमिलनाडु राज्य के तिरूचि नामक स्थान पर सन् 1924 में एक ब्राह्मण परिवार में हुआ। आपके माता पिता संगीत तथा कला के मर्मज्ञ होने के कारण आपका पालन- पोषण संगीतमय वातावरण में हुआ। आपने कर्नाटक संगीत की शिक्षा पहले अपनी बड़ी दीदी से तथा बाद में संगीत भूषण ए. सुब्रहमण्यम् से कई वर्ष तक प्राप्त की। सन् 1941/42 से आपने पंडित राम राव नाइकजी से उत्तर - भारतीय हिन्दुस्तानी संगीत में ख्याल गायन संगीत की तालीम लेना शुरू किया। पंडित रामरावजी आगरा घराने के उस्ताद अताहुसैन खाँ साहब के शिष्य थे। सन् 1943 में मद्रास में पंडित दिलीपचन्द्र वेदी का गायन सुनकर आपको उनसे भी हिन्दुस्तानी संगीत सीखने की इच्छा हुई। आप मद्रास में ही वेदी जी से मिले और अपनी इच्छा व्यक्त की। परन्तु उस समय वेदी जी के मद्रास से शीघ्र ही चले जाने के कारण आपकी यह इच्छा पूरी न हो सकी। बाद में सन् 1948 में जब वेदी जी बंगलौर आये, तभी आप उनके शागिर्द बने और उनसे ख्याल, ठुमरी, दादरा, गज़ल, भजन आदि शैलियों की शिक्षा प्राप्त की। वेदीजी के अलावा आपने उस्ताद अनवर हुसैन खॉ तथा पंडित राननंजंकरजी से अप्रचलित रागों को सीखा।

आपने बनारस की श्रीमती सिद्धेखरी देवीजी से ठुमरी, दादरा, कजरी व चैती की और गजल सम्राज्ञी श्रीमती बेगम अख्तर से गज़ल - गायकी का ढंग सीखा। आपने सुविख्यात शास्त्रकार ठाकुर जयदेव सिंहजी के निर्देशन में शोधकार्य करते हुए पी- एच- डी की डिग्री प्राप्त की।

अपने सन् 1953 में आकाशवाणी की शास्त्रीय संगीत स्वर परीक्षा ए -ग्रेड से उत्तीर्ण की। 1954 से 1962 तक आपने आकाशवाणी के म्यूजिक प्रोड्यूसर के पद पर भी कार्य किया। आप 1963 से काशी हिन्दू विश्वविद्यलय में संगीत विभाग तथा मंच कला संकाय के 22 वर्ष तक विभागाध्यक्ष रहे। आपने सन् 1980 से 1984 तक इन्दिरा कला संगीत विश्वविद्यालय, खैरागढ़ (म.प्र.) में उपकुलपति के पद पर कार्य किया। 'द म्युजिकल हैरिटेज आफ -इंडिया' एवं 'इवोल्यूशन ऑफ राग एण्ड ताल इन इंडियन म्यूजिक' नामक आपकी दो पुस्तकें भी प्रकाशित हो चुकी हैं। कई प्रसिद्ध पत्रिकाओं में संगीत के भिन्न भिन्न विषयों पर आपके कई महत्वपूर्ण लेख प्रकाशित हुए हैं। आपको सन् 1973 में 'उत्तर प्रदेश संगीत नाटक अकादमी' की ओर से ' सर्वश्रेष्ठ गायक' तथा प्राचीन कला केन्द्र चण्डीगढ़ की ओर से 'संगीत महामहोपाध्याय' की उपाधियों से विभूषित किया गया। आजकल अवकाश प्राप्त कर लेने के पश्चात् आप संगीत क्षेत्र में अनेक प्रकार के महत्वपूर्ण कार्यों में जुटे हुये है। प्रस्तुत हैं-

उनकी रची हुई दो बंदिशे-

राग-भूपाल-तोड़ी-रूपक ताल

स्थायी - जाये बसे अरे खगवा।
पिया सों कहीयो।
ये संदेसवा।।

अन्तरा - बीते बरस पर ।
सुध हून लीनी ।
धौल हो गये केसवा।।

स्थायी -

		ध स रे
		जा ये ब
रेग - प	ग -	प ध
सेऽ अ	रे ऽ	ख ग
सं - धसं	रें ससं	रेंसंसं ध
वा ऽ पिया	सो कहि	योऽऽ ऽ

प गप ध	पग रेस	ध़ सरे
ऽ येसं द	ऽस वाऽ	जा येब
ग प धपप	ग -	प ध
से अ रेऽऽ	ऽ ऽ	ख ग
सं - धसं	रें संसं	रेंसंसं ध
वा ऽ पिया	सो कहि	योऽऽ ऽ
प गप ध	पग रेस	घ़ सरे
ऽ येसं दे	ऽस वाऽ	जा येब ॥
0	2	3

अन्तरा

		ग पध
		बी तेब
सं - ध	सं रें	सं -
र ऽ ऽ	स प	र ऽ
धध सं -सं	रें रेंगं	रें सं -
सुध हूं ऽन	ली ऽऽ	ऽ ऽऽ
रेंसंसं ध प	गप धसं	रेंसं रेंसंसं
ऽऽऽ ऽ नी	धौल होऽ	गये ऽऽऽ
ध प -	गप धऽ	प ग
ऽ ऽ ऽ	केऽ ऽऽ	ऽ ऽ
रे ग रेग	रे स	ध़ सरे
ऽ ऽ स	वा ऽ	जा ये ब ॥
0	2	3

प्रोफेसर (श्रीमती) भूपिन्दर शीतल से प्राप्त

राग-जैत कलयाण- तीनताल

स्थायी- आनन्द कशे मोरे राजा।
निसदिन मुरली की धुन सुन।
चकित भई सब।।

अन्तरा- मुरली बजाओ सब जन गावो।
मन को रिझावो।
नैन नाच नचावो।।

स्थायी --

		स	स ^{प}ग प ग
		आ	नं न्द ऽ क
प - ध प	प ग ग ध	प ^{ग}रे रे स	स ^{प}ग प ग
रो ऽ मो रे	रा ऽ जा नि	स दि न आ	नं द ऽ क
प - ध प	प ग ग ध	प ^{ग}रे रे स	स स - स
रो ऽ मो रे	रा ऽ जा नि	स दि न मु	र ली ऽ की
स प̣ स ग	ग प ध प	^{म}रे स स स	
धु न सु न	च कि त भ	ई स ब, आ	॥
+	2	0	3

अन्तरा -

		प प प प	सं - सं -
		मु र ली ब	जा ऽ वो ऽ
सं सं गं पं	गं - $^{रें}$सं सं	सं सं सं सं	सं - प प
स ब ज न	गा ऽ ऽ वो	म न को रि	झा ऽ ऽ वो
सं - सं प	ग - ग प	^{ग}रे रे स स	
नै ऽ न ना	ऽ ऽ च न	चा ऽ वो, आ	॥
+	2	0	3

प्रोफेसर (श्रीमती) भूपिन्दर शीतल से प्राप्त

11

उस्ताद यूनुस हुसैन खाँ

उस्ताद युनुस हुसैन खाँ का जन्म 15 नवंबर, 1927 को आगरा में हुआ। संगीत जगत में उस्ताद, यूनुस हुसैन खाँ दर्पण उपनाम से मशहूर हुए है। उन्हें प्रारंभिक संगीत शिक्षा अपने पिता उस्ताद विलायत हुसैन खाँ से मिली। उन दिनों उस्ताद विलायत हुसैन खाँ मैसूर दरबार में थें। मात्र बारह वर्ष की आयु में उन्होंने मैसूर के महाराज के समक्ष अपना गायन - कार्यक्रम प्रस्तुत किया।

अपने पिता के अतिरिक्त उन्होंने उस्ताद आजमत हुसैन खाँ, उस्ताद लताफत हुसैन खाँ से भी संगीत की तालीम प्राप्त की। अठारह वर्ष की आयु में उनका पहला रेडियो कार्यक्रम प्रसारित हुआ। उन्होंने कुछ समय तक आकाशवाणी में कंपोजर के पद पर काम किया, फिर दिल्ली विश्व-विद्यालय के संगीत विभाग में प्राध्यापक रहे। उन्होंने यहाँ एक Choir-Group की स्थापना की, जिसमें दिल्ली विश्वविद्यालय के संगीत के छात्र-छात्राओं को शामिल किया और स्वयं बंदिशों की रचना की। उस्ताद युनुस हुसैन खाँ 'दरपन' उपनाम से कईं रचनायें की। 29 सितंबर, सन 1991 को दिल्ली में उनका देहान्त हुआ । उनकी रचित कुछ बंदिशे प्रस्तुत हैं–

राग-भैरव - तीनताल (द्रुत)

स्थायी - नबिके दुलारे हसन हुसेन ।
अलिफातमाके आँख के तारे॥

अन्तरा- पंजतन पाक मदतको आवो।
दरपन के सब काम बनावों।
धीर बधावो।
जग के उजियार॥

स्थयी -

		ध	प म ग म
		न	बि के ऽ दु
ध - प ध	प म ग प	म - ग ग	रे ग म पम
ला ऽ रे ह	स न ऽ हु	से ऽ न अ	लि फा ऽ तऽ
रे - स नि	ध रें संनि सं	ध - प ध	
मा ऽ के आँ	ऽ ख केऽ ऽ	ता ऽ रे न ॥	
+	2	0	3

अन्तरा

		ग म निध निध	सं - सं सं
		पं ज त न	पा ऽ क म
धध नी सं	रें सं नीसं धप	गं रें गं मं	रें - सं सं
द त को ऽ	आऽ ऽऽ वोऽ	द र प न	के ऽ स ब
रें - सं रें	संनि सं ध प	- ग म पम	रे - स स
का ऽ म ब	नाऽ ऽ वो ऽ	ऽ धी र वऽ	धा ऽ वो ऽ
नी ध सं -	सं रें सरें संनि	धनि धप मग ध	
ज ग के ऽ	उ जि याऽ ऽऽ	ऽऽ ऽऽ रेऽ न	॥
+	2	0	3

कोमल ऋषभ - आसावरी - द्रुत नीनताल

स्थायी - रे मन बावरे प्रीत न करियो ।
या जग की निराली रीत ।।

अन्तरा - अपने दरपन से एरी सखी री।
मैं हारी करके प्रीत।।

स्थायी -

			- रे म प
			ऽ रे म न
धप नी ध म	- पम प ध	म ग रे रे	सं संनी सं रें
वाऽ ऽ व रे	ऽ प्रीऽ त न	क रि यो ऽ	ऽ याऽ ज ग
नी ध म प	धप नी ध म	ग रे - स	- रे म प
की ऽ ऽ नि	राऽ ऽ ली ऽ	ऽ री ऽ त	ऽ रे म न ।।
+	2	0	3

अन्तरा

			म प निध निध
			अ प ने द
सं सं सं सं	रें नी सं रें	नी - ध -	ध ध गं गं
र प न से	ए ऽ री स	खी ऽ री ऽ	मैं ऽ ऽ ऽ
रें - सं म	प ध नी ध	म ग रे स	- रे म प
ही ऽ री क	र के ऽ ऽ	ऽ प्री ऽ त	ऽ रे म न ।।
+	2	0	3

अहीर - भैरव - (द्रुत) तीनताल

स्थायी - सॉंवरी सलोनी अलवेली नवेली नार।
पियाके मिलनको करत अति सिंगार।।

अन्तरा - रूप जौवनन पर आयो
रंग निखार।
मुख देखत दरपन
बार बार।।

स्थायी -

नि़ ध़ नि़ रे	नि़ स ग म	ध प ^ध^प ग	म रे - स
साँ व री स	लों नी अ ल	वे ली न वे	ली ना ऽ र
म धप ध नि	सं सं सं ^सं^निं	ध प म ग	पम रे - स
पि याऽ के मि	ल न को क	र त अ ति	सिंऽ गा ऽ र ।।
+	2	0	3

अन्तरा -

म धप ध नि	सं सं सं सं	रें रें रें सं	रेंसं नि ध ध
रू ऽऽ प जौ	व न प र	आ यो रं ग	निऽ खा ऽ र
मं गं रें सं	नि ध सं नि	ध प म ग	पम रे - स
मु ख दे ऽ	ख त द र	प न बा ऽ	रऽ बा ऽ र ।।
+	2	0	3

राग-शुद्ध सारंग – विलंवित झुमरा

स्थायी – दोपहर तपत है तैसो मेरो मन
तपत बिरहा की अगन में।।

अन्तरा – दरपन के दरस बिना ये गत भई
हूं तो जरी जात विरहा की अगन में।।

स्थायी –

			– – मरे पर्म प (प)
			ऽ ऽ दोऽऽऽ ऽ प
मरे रेम॑प प पध पप	मरे स रे सस नि़प नि़ध़ सनि़	रेस रेम॑पप म॑प पनिसं	निप प (प) मरे नि़स म रे पम॑ प (प)
हर तपत हेऽ तैऽ ऽऽ	सोऽ मेऽ ऽ ऽ रोऽ मऽ ऽऽ	ऽन तपऽत बिर हा ऽऽ	किऽ अग नऽ मेऽ दोऽऽऽ ऽ प ।।
+	2	0	3

अन्तरा –

			– – रे म॑ पनि
			ऽ ऽ द र प न
सं– पनि सरेंसं नि प म रे	म॑पनिसं रें मं रें (सं) निप (प)	मरे रे म॑ प पम॑प पनिसं निप	पधप – मरे नि़स मरे पम॑ प (प)
के ऽ दर सबिन ऽ ऽ येऽ	गत भई हूं ऽ ऽ तो ऽऽ ज	रीऽ जाऽ ऽत बिर हाऽऽ कीऽ	अऽ गऽ नऽ मेंऽ दोऽऽऽ ऽ प ।।
+	2	0	3

राग-यमनी बिलावल - तीनताल (द्रुत)

स्थायी – मुश्किल करो आसान।
हिंदवली आज मेरी।।

अन्तरा – दरपन दरपे आन परो है।
देहो मन की मुराद।।

स्थायी –

		सा	रे ग - रे
		मु	श कि ऽ ल
सरे ऩिस - -	ऩि ध़ ऩि स	ऩि - ^धप़ स	रे ग म ध
कऽ ऽऽ ऽ ऽ	रो ऽ आ ऽ	सा ऽ न हिं	ऽ द ऽ व
प - मं प	ग म ग रे	ग रे स स	
ली ऽ ऽ ऽ	ऽ ऽ आ ज	मे ऽ री मु ।।	
+	2	0	3

अन्तरा –

		प प सं सं	सं रें सं सं
		द र प न	द र पे ऽ
सं रें गं मं	गं रें सं सं	नि ध सरें निसं	नि -^ध प प
आ ऽ न प	रो ऽ है ऽ	दे ऽ ऽऽ ऽऽ	हो ऽ ऽ म
मं प मं प	ग म - गरे	ग रे स स	
न की ऽ ऽ	ऽ ऽ ऽ मुऽ	रा ऽ द मु ।।	
+	2	0	3

राग-पूरिया - कल्याण - बिलंवित - एकताल

स्थायी – पार करो मोरी नैया ।

हजरत निजामुद्दीन औलिया ।।

अन्तरा – दरपन दरपे आन परो है।

धीर बँधाओं ।

हजरत निजामुद्दीन औलिया ।।

स्थायी -

म - गरे ग - - गमेध -	म - गरे ग - रे स	ध़-नि़ रे ग मे प - म ग -	(प) - मेगा
रो ऽ ऽऽ ऽ ऽ ऽ मोऽऽ ऽ	री ऽ ऽऽ नै ऽ ऽ या	ह ऽ ज र त ऽऽ ऽ नि ऽ	पा ऽ र क
+	0	2	
प - प - म ध नि धप	(प)- म - गरे -ग -	मेग - रे स (प) - म ग	
जा ऽ मु ऽ द्दी ऽ ऽ न	औ ऽ ऽ ऽ ऽ ऽ ऽ ऽऽ	ऽऽ ऽलिया पा ऽ र क ॥	
0	3	4	

86. अन्तरा

			मध संसं नि रें
			दर पन द र
सं - (सं) नि ध नि - धप	(प) - म गरे ग - मे ग	म - ग - रे - स स	
पे ऽ आ न परो ऽ है	धी ऽ ऽ ऽऽ ऽ ऽ ऽ र	व ऽ ऽ ऽ धा ऽ ऽ वो	
+	0	2	
ध़ नि़ रे ग मप मग प - प	मे ध नि धप (प) म गरे ग	म ग रे स (प) - म ग	
ह ज र त ऽऽ नि जा ऽ मु	द्दी ऽ ऽ न औ ऽ ऽऽ ऽ	ऽ ऽलि या पा ऽ र क ॥	
0	3	4	

राग-पूरिया कल्याण - तीनताल (द्रुत)

स्थायी - श्याम आवन की कह गये आलि री।
अब लों नहीं आये ।।

अन्तरा - जानत हुं सौतन रोकत है।
दरपन जो सिखलाये आये ।।

स्थायी -

			– मध निरें नि
			ऽ श्याऽ ऽऽ म
नि ^(ध)प प प	रे॒ – गम॑ धम॑	म॑ ग रे॒ स	– म॑ ग रे॒
आ ऽ व न	की ऽ ऽऽ ऽऽ	क ह ग ये	ऽ आ ऽ लि
स स प ^(म॑)ग	प – म॑ध निरें॒	निध पम॑ गम॑ गरे॒	स म॑ध निरें॒ नि
री ऽ अ ब	लो ऽ नऽ हिऽ	आऽ ऽऽ ऽऽ ऽऽ	ये, श्याऽ ऽऽ म।।
+	2	0	3

अन्तरा -

			– ग म॑ ध
			ऽ जा न त
सं – रें॒ नि	^(ध)प म॑ ग म॑	ग रे॒ स –	रें॒ नि ध प
हुं ऽ सौ ऽ	त न रो ऽ	क त है ऽ	द र प न
म॑ ग रे॒ स	प प म॑ध निरें॒	निध पम॑ गम॑ गरे॒	स म॑ध निरें॒ नि
जो ऽ ऽ ऽ	सि ख लाऽ ऽऽ	येऽ ऽऽ आऽ ऽऽ	ये, श्याऽ ऽऽ म ।।
+	2	0	3

राग-शाहाना - तीनताल (द्रुत)

स्थायी - करत सिंगरवा वोतो बार बार।

ऐसी चतुर छवीली चंचल नार।।

अन्तरा - रंग रंगीले पहन गहन।

दरपन देखत इतरात ।।

स्थायी -

	- - - गुम	ध ध नि प	प - प सं
	ऽ ऽ ऽ कर	त सिं ग र	वा - वो तो
सं ध ध नि	प प ग म	ध ध नि प	प प मप धप
बा ऽ र बा	ऽ र ऐ सी	च तु र छ	वी ली चऽ ऽऽ
ग गुम प गुम	रे रे स गुम		
च ऽऽ ऽ लऽ	ना ऽ र कर ।।		
+	2	0	3

अन्तरा

			- मप निप नि
			ऽ रंऽ गऽ रं
सं - सं -	निसं रें रें सं	सं धनि सं धनि	प धध नि प
गी ऽ ले ऽ	पऽ ह न ग	ह ऽऽ ऽ ऽऽ	न दर प न
प - पप प	संसं धनिसं धनिप गुम		
दे ऽ खत इ	तरा ऽऽऽ ऽऽत कर ।।		
+	2	0	3

राग-रागश्री - तीनताल (द्रुत)

स्थायी - अरे मन सीख गुण गुणीजन के ।
गुणी ऐसो जाके वाणी सुजानी।।

अन्तरा - विद्या अघम और अघम गुरूपाये
ध्यान घरत दरपन हुसैनी ।।

	- - - धनि	सग म रे (स)	- नि ध नि
	ऽ ऽ ऽ अऽ	रेऽ ऽ म न	ऽ सी ऽ ख
स स ग म	रे रे स म	धनि सं ध नि	ध म नि ध
गु ण गु णी	ज न के गु	णीऽ ऽ ऐ ऽ	सो ऽ जा के
म ग ग गम	रे - स धनि		
वा ऽ णी सुऽ	जा ऽ नी अऽ	॥	
+	2	0	3

		गम धनि सं	सं सं - सं
		विऽ द्या अ घ	म औ ऽ र
सं गं मं रें	सरें सं निध	सं - ध नि	ध म म नि
अ घ ऽ म	गुऽ रू पा ये	ध्या ऽ न ध	र त द र
ध म ग गम	रे - स धनि		
प न ऽ हुऽ	सै ऽ नी अऽ	॥	
+	2	0	3

राग-माल्कौंस - तराना - तीनताल (द्रुत)

स्थायी - तराना गावो सब मिलके त दारे दानि।
दिम ताना नाना नाना तदारे दानि तनाना।
यलिय लोभ यलालि दीम तना नाना।।

अंतरा ताना तराना सब गुलीजन गावत।
नित नित नये नये गान सुनावत।
दरपन गाये दीम तना नाना।।

स्थायी -

		म गुम ग स	नि स ध नि
		त राऽ ना गा	ऽ वो सं बं
ग स स सं	ध नि ध म	ध ध नि नि	सं सं सं सं
मि ल के ता	दा रे दा नि	दिम ऽ ता ना	ना ना ना ना
नि सं सं ध	नि ध म म	सं सं सं सं	सं नि ध म
त दा रे दा	नि त ना ना	य लि य लोम	ऽ य ला लि
म ध मध निध निसं	सं नि ध म		
दीऽ ऽऽ ऽऽ ऽम	त ना ना ना ।।		
+	2	0	3

अन्तरा -

		ग - म म	ध ध नि नि
		ता ऽ ना त	रा ना स ब
सं सं सं सं	नि सं सं सं	नि सं गं मं	गं सं सं सं
गु नी ज न	गा ऽ व त	नि त नि त	न ये न ये
नि नि सं सं	ध नि ध म	सं सं सं सं	नि ध म -
गा ऽ न सु	ना ऽ व त	द र प न	गा ऽ ये ऽ
मध मध निध निसं	सं नि ध म		
दाऽ ऽऽ ऽऽ ऽम	त ना ना ना	।।	
+	2	0	3

राग-सूरमल्हार - तीनताल (द्रुत)

स्थायी- डर लागे ऊँची अटरीया ।
पिया नाही मोरे पास गुईयां।
कैसे करूं मोरी माई।।

अन्तरा - अघ घघ घघघघ घघनु गरजे।
नन्हीं नन्हीं बुंदिया मेहा बरसे।
चलत पुखायी मा सननन।।

स्थायी -

	- - म प	नि धप प ध	म - रे स
	ऽ ऽ ड र	ल ऽऽ गे ऽ	ॐ ऽ ची अ
रे रे म -	रे - म प	नि प नि सं	- नि - प
ट री आ ऽ	ऽ ऽ पि या	ना ऽ ही ऽ	ऽ मो ऽ रे
- रे - रे	रे रे स -	स रें - रें	रें - नि सं
ऽ पा ऽ स	गु ई याँ ऽ	कै से ऽ क	रू ऽ मो री
सरें सांनि सं -	नि ध म प		
माऽ ऽऽ ऽ	ई ऽ ड र	॥	
+	2	0	3

अन्तरा -

		म म प प	नि प नि नि
		अ घ घ घ	घ घ घ घ
सं नि सं सं	सं नि सं सं	नि प नि प	नि नि सं सं
घ घ नु ऽ	ग र जे ऽ	न न्ही न न्ही	बुं दि यां ऽ
निसं रें रें सं	नि सं नि प	प प रें रें	रें रें नि सं
मे ऽ ऽ हा ऽ	ब र से ऽ	च ल त पु	र वा यी मा
सं रें सं नि	ध प म प		
स न न न	न न ड र	॥	
+	2	0	3

उस्ताद यूनुस हुसैन खाँ से प्राप्त

राग-मियाँ की तोड़ी – तीनताल (द्रुत)

स्थायी – गरवा माई संग लागे ।
लागे मित पिहरवा ।
आनन्द भइलवा।
मोरे मंदिरवा।।

अन्तरा – सगरी रैन मोहे जागत बीती
भोर भई घर आईला ।
फूलवन सेज विछाऊँ मोरे अंगना ।
रहस रहस गरे लाग रहिलवा।।

स्थायी –

		ध़ नि़ स रे	ग रे सस नि़
		ग र वा ऽ	ऽ मा ईस ग
स – – –	सरे नि़स नि़ ध़	ध़ नि़ स रे	ग रे सस स
ला ऽ ऽ ऽ	ऽऽ ऽऽ गे ऽ	ग र वा ऽ	ऽ म ईसं ग
स – रे –	ग – मंप –	ध रे ग –	मं – ध –
ला ऽ ऽ ऽ	गे ऽ ला ऽ	गे ऽ ऽ ऽ	ऽ ऽ ऽ ऽ
मे ग रे ग	रे रे स नि़ध़	मं़ मं़ ध़ ध़	स स स नि़
मि ऽ त पि	ह र वा ऽऽ	आ नं द भ	इ ल वा ऽ
सरे ग रे ग	रे रे स नि़ध़		
मोऽ ऽ रे मं	दि र वा ऽऽ	॥	
+	2	0	3

अन्तरा

		प मे प ध	मे ग मे ध
		स ग रि रै	ऽ न मो हे
सं - सं सं	सं रें सं सं	- सं सं सं	सं सं सं सं
जा ऽ ग त	बी ऽ ती ऽ	ऽ भो र भ	ई ऽ घ र
सं नि सं रें	रेंसं - नि ध	ध नि ध प	मे रेग मे ध
आ ऽ ऽ ई	ला ऽ ऽ ऽ	फू ल व न	से ऽऽ ज वि
नि सं सं सं	सं रें सं -	सं सरेंगं रें स	नि सं नि ध
छा ऊँ मो रे	अं ग ना ऽ	र ह ऽऽ सर	ह स ग रे
मेध निसं नि ध	मे ग रेस नि़ध		
लाऽ ऽऽ ग र	हि ल वाऽ ऽऽ	॥	
+	2	0	3

राग-विहागड़ा - तीनताल (बिंलवित)

स्थायी - प्यारी पग होले होल धरे ।

ऐसी पग उपर पायल बाजे ।

हारी नवेली नेक मेरोकहो मान ॥

अन्तरा - जागे सब वृज के लोग।

सब जागे हारी हटीली।

मतकर इतनो मान गुमान॥

स्थायी -

गम नि̱ धप | ध - म - | गमप गम रेस | पध पप ग-
हो ऽऽ लेऽ | हो ऽ ले ऽ | धऽऽ ऽऽ रेऽ | ऐऽ सीऽ पऽ
\+

गम - ग - | म - पध मेप | सं - - नि | ध (सं) नि ^ध^ प
ऽऽ ऽ री ऽ | न ऽ वेऽ ऽऽ | ली ऽ ऽ ने | ऽ (क) मे रो
0

सं - - - | नि - निध - | निरें सं नि - | धप - नि -
के ऽ ऽ ऽ | लो ऽ ऽग ऽ | सऽ ब जाऽ | ऽगे ऽ हा ऽ
\+

निध - निरें सं | निप - प - | प - प - | निनि निप
तऽ ऽ कऽ र | इऽ ऽ त ऽ | नो ऽ माऽ | ऽ ऽ न गु
0

ग म प ध नि - - | ध- प- पध मंप - - | ग - म -
ए ऽ ऽ ऽ ऽ ऽ ऽ | प्याऽ रीऽ ऽऽ ऽऽ ऽऽ | प ऽ ग ऽ
3

प ग पध पप | सं सं सं सं | निध निरें सनि | धप नि धनि (प)
ऽ ग डऽ ऽऽ | ऽ प र ऽ | पाऽ यऽ ल बा | जऽ हा ऽऽ ऽ
2

प निनि निप गम | नि - धप | प - ध मंप | ग - म -
क होऽ ऽऽ माऽ | ऽ ऽ नऽ | प्याऽ री ऽऽ | प ऽ गऽ ॥
3

अन्तरा

पध पप - - | - ग - - | मग - - | पध पप - -
जाऽ गेऽ ऽऽ | ऽ स ऽ ऽ | ऽ ब ऽऽ | बृ ऽ जऽ ऽ ऽ

धनि - मे (प) | गम - ग - | - म पध पप | सं - - नि
ऽऽ ऽ ऽ ऽ | ऽऽ ऽ रीऽ | ऽ ह ठीऽ ऽऽ | ली ऽऽ म
2

ग - म - | नि̱ध- पप - | पप धमं | प ग- म-
माऽ ऽ ऽ | ऽऽऽ नऽऽ | प्याऽ रीऽ | ऽ पऽ गऽ ॥
3

राग-विहागड़ा - तीनताल (द्रुत)

स्थायी - निरख छब देखत
मन सुख पाये ।
आज मोरे साजन
अन ठन आये ।।

अन्तरा - तन मन धन
न्योछाबर करहूं ।
दिलरंग प्रीत की रीत
बड़ावन आये ।।

स्थायी -

		- - - स	ग म प ध
		ऽ ऽ ऽ नि	र ख छ ब
पध नि ध प	गम रेग मप मप	ग रे स ऩि	- स ग म
देऽ ऽ ख त	मऽ नऽ सुऽ खऽ	पा ऽ वे आ	ऽ ज मो रे
पनि सं नि प	गम रेग मप मप	ग रे स स	
साऽ ऽ ज न	वऽ नऽ ठऽ नऽ	आ ऽ ये नि ।।	
+	2	0	3

अन्तरा -

		ग म प नि	सं सं सं -
		त न म न	ध न न्यो ऽ
नि ध निरें संसं	नि धनि पध पप	नि सं ग मं	गं रेंसं निरें सं
छा ऽ बऽ रऽ	क रऽ हूंऽ ऽऽ	दि ल रं ग	प्री ऽऽ तऽ की
नि ध पे नि	धप गमेरग मप मप	ग रे स स	
री ऽ त ब	ड़ाऽ ऽऽऽऽ बऽ नऽ	आ ऽ ये नि	।।
+	2	0	3

12

उस्ताद शराफत हुसैन खाँ

उस्ताद शराफत हुसैन खाँ का जन्म सन् 1931 में जयपुर में हुआ था। इनके पिता का नाम उस्ताद लियाकत हुसैन खाँ था, जो स्वयं अच्छे संगीतज्ञ थें। उनके नाना उस्ताद महबूब खाँ, दरसपिया के नाम से बंदिशों की रचना करते थे। उस्ताद शराफत हुसैन खाँ बचपन से ही गाने लगे थें। उनको गाना अच्छा लगता था। आठ साल की उम्र में ही उन्होने पहली बार मुंबई में 'मांटुंगा म्यूजिक-सर्कल' में गाया । उनके मौसा थे उस्ताद फैंयाज़ खाँ । उस्ताद फैयाज़ खाँ के कठोर अनुशासन में उस्ताद शराफत खाँ ने उनकी गायकी को आत्मसात किया। उस्ताद शराफत खाँ ने 'प्रेमरंग' उप नाम से अनेक बंदिशें रचीं । उनका निधन सन् 1985 में हुआ। उनकी रचित एक बंदिश प्रस्तुत है-

राग-रामदासी मल्हार - द्रुत तीनताल

स्थायी - गरजो न गरजो न बरसो रे ।
बादरवा मोरा जियरा जरात ।।

अन्तरा - चमकत विजुरिया बरसत मेहा ।
'प्रेमरंग' या सम आये ।।

सथायी -

	नि प ग - ग
	ग र जो ऽ न

म म म म	स स रे -	रे रे स निस	रे रे स -
ग र जो न	ब र सो ऽ	ऽ रे ऽ बाऽ	ऽ द र ऽ
नि स - -	नि प नि -	प - म -	म - म ग
वा ऽ ऽ ऽ	ऽ ऽ ऽ ऽ	ऽ ऽ ऽ ऽ	मो ऽ रा जि
ग म - प	निप - ग -	म - म नि	प ग - ग
य रा ऽ ज	रा ऽ ऽ ऽ	ऽ ऽ त ग	र जो ऽ न ।।
+	2	0	3

अन्तरा

		- - - म	प नि - प
		ऽ ऽ ऽ च	म क ऽ त
सं - सं -	नि - सं -	सं - - नि	सं रें - सं
बि ऽ जु ऽ	रि ऽ ऽ ऽ	या ऽ ऽ ब	र स ऽ त
नि - सं -	प - नि -	प - - म	म प सं -
में ऽ ऽ ऽ	ऽ ऽ ऽ ऽ	हा ऽ ऽ प्रे	म रं ग ऽ
नि - प -	प - निनि पम	प ग म नि	प ग - ग
या ऽ स ऽ	म ऽ आऽ ऽऽ	ऽ ऽ ये ग	र जो ऽ न ।।
+	2	0	3

श्री आरिफ हुसैन खाँ से प्राप्त

राग-मारू - विहाग - द्रुत तीनताल

स्थायी - विनती सुनो मोरी ।
माइनुद्दीन ख़्वाजा।।

अन्तरा - रतन पिया है दास तिहारो।
तुमही को है लाज ।।

स्थायी -

		- - - म॑	ग ^सरे - स
		ऽ ऽ ऽ वि	न ति ऽ सु
स - सरे सस	नि़ - स म	म - ग ग	स गमे प मे
नो ऽ ऽऽ ऽऽ	ऽ ऽ मो ऽ	री ऽ ऽ मोइ	नु दी ऽ ऽ न
प - - म॑ग	ग म॑ प ध	ध म॑ ग म॑	
ख्या ऽ ऽ ऽऽ	ऽ ऽ ऽ ऽ	जा ऽ ऽ वि	॥
+	2	0	3

अन्तरा -

		ग म॑ प नि	सं - सं सं
		र त न पि	या ऽ है ऽ
सं - रें सं	नि - ^धप -	^गम॑ - ग ग	^रेंस ग म॑ प म॑
दा ऽ स ति	हा ऽ रो ऽ	ऽ ऽ ऽ ऽ तु	म ही ऽ ऽ को
प - - ^म॑ग	ग म॑ प ध	ध म॑ ग म॑	
है ऽ ऽ ऽ	लाऽ ऽ ऽ	ज ऽ ऽ वि ॥	
+	2	0	3

उस्ताद शराफत हुसैन खाँ साहब से प्राप्त

13

उस्ताद अनवर हुसैन खाँ

आगरा घराने के उस्ताद अनवर हुसैन खाँ, उस्ताद अल्ताफ हुसैन खाँ के मँझले बेटे थे। इनका जन्म अतरौली मे सन् 1916 में हुआ था। इन्होंने संगीत की शिक्षा अपने पिता उस्ताद अल्ताफ हुसैन खाँ तथा मामू उस्ताद विलायत हुसैन खाँ से ली। उस्ताद अनवर हुसैन खाँ 'प्रीत पिया' के नाम से कई बंदिशों की रचना की। सन् 1966 में इनका देहान्त हुआ।

इनके शगिर्दों में मीरा बाडकर, सरोज बाडकर, रामजी भगत, शंकरराव बडौदावाले का नाम उल्लेखनीय है। उनकी रचित दो बंदिशें प्रस्तुत की जा रही हैं–

राग–अल्हैया बिलावल–द्रुत तीनताल

स्थायी– मोरे घर आज आये प्राण।
पलकन ते मग भारू ।
मन को कंरूगी दान ।।

अन्तरा – 'प्रीतपिया' की लागी उनसो।।
की जे मान सम्मान।
मनको करूंगी दान ।।

100. स्थायी -

	- - निध	म ग - ग	प नि ध नि
	ऽ ऽ मोरे	घ र ऽ आ	ज आ ऽ ये
सं - ध नि	ध ध प प	नि नि ध प	म ग प म
प्रा ऽ ऽ ऽ	ण ऽ ऽ ऽ	प ल क न	ते ऽ म ग
ग - - रे	स रे स -	स स स स	रे ग रे ग
झा ऽ ऽ ऽ	ऽ ऽ रू ऽ	ऽ ऽ ऽ म	न को ऽ क
प - प प	- प नि ध		
रूं ऽ गी दा	ऽ न मो रे ।।		
+	2	0	3

अन्तरा -

		ग प निध नि	सं सं सं सं
		प्री ऽ तऽ पि	या ऽ की ऽ
सं रें ग मं	गं रें सं -	ध नि ध प	म ग प म
ला ऽ गी ऽ	उ न सों ऽ	की ऽ जे ऽ	मा ऽ न स
ग - ग रे	स रे स स	स स स स	रे ग रे ग
म्मा ऽ ऽ ऽ	ऽ ऽ न ऽ	ऽ ऽ ऽ म	न को ऽ क
प - प प	- प नि ध		
रूं ऽ गी दा	ऽ न मो रे ।।		
+	2	0	3

राग-अहीरी - द्रुत तीनताल

स्थायी- एरी मैंने प्रीत की रीत निभाई।
दुख में सगरी उमर गवाई ।।

अन्तरा - मनहर लीनो दुख सब लीनो।
प्रणपिया की देत दुहाई ॥
दुहाई॥

	स	रेम पनि सं- ^{नि}धप	म - प ध
	ए	रीऽ ऽऽ मैऽ नेऽ	प्रीऽ त की
ग - रेस ग	रे - स स	स सं ^{नि}सं सं	नि ध प प
री ऽ तऽ नि	भा ऽ ई ऽ	दु ख मे ऽ	स ग रीऽ
ग ग रेस ग	रे - स स		
उ म रऽ ग	वा ऽ ई ए ॥		
+	2	0	3

अन्तरा-

		म प नि नि	सं - सं सं
		म न ह र	ली ऽ नो दु
संरेंग संरेंगं रें सं	सं - ^{नि}ध प	ग - रेस स	सं - ^{नि}ध प
खऽ ऽऽऽ स ब	ली ऽ नो ऽ	प्रा ऽ णऽ पि	या ऽ की ऽ
ग - रे स ग	रे - स स		
दे ऽ त ऽ दु	हा ऽ ई ए	॥	
+	2	0	3

श्री आरिफ हुसैन खाँ से प्राप्त